Mer
Samuel Pierre

INGÉNIERIE DE TRAFIC INTER-DOMAINE POUR L'INTERNET

Meral Shirazipour
Samuel Pierre

INGÉNIERIE DE TRAFIC INTER-DOMAINE POUR L'INTERNET

Éditions universitaires européennes

Mentions légales/ Imprint (applicable pour l'Allemagne seulement/ only for Germany)
Information bibliographique publiée par la Deutsche Nationalbibliothek: La Deutsche Nationalbibliothek inscris cette publication à la Deutsche Nationalbibliografie; des données bibliographiques détaillées sont disponibles sur internet à l'adresse http://dnb.d-nb.de.
Toutes marques et noms de produits mentionnés dans ce livres demeurent sous la protection des marques, des marques déposées et des brevets, et sont des marques ou des marques déposées de leurs détenteurs respectifs. L'utilisation des marques, noms de produits, noms communs, noms commerciaux, descriptions de produits, etc, même sans qu'ils ne soient mentionnés de façon particulière dans ce livre ne signifie en aucune façon que ces noms peuvent être utilisés sans restriction a l'égard de la législation pour la protection des marques et des marques déposées et pourraient donc être utilisés par quiconque.

Photo de la couverture: www.ingimage.com

Editeur: Éditions universitaires européennes est une marque déposée de
Südwestdeutscher Verlag für Hochschulschriften Aktiengesellschaft & Co. KG
Dudweiler Landstr. 99, 66123 Sarrebruck, Allemagne
Téléphone +49 681 37 20 271-1, Fax +49 681 37 20 271-0
Email: info@editions-ue.com

Produit en Allemagne:
Schaltungsdienst Lange o.H.G., Berlin
Books on Demand GmbH, Norderstedt
Reha GmbH, Saarbrücken
Amazon Distribution GmbH, Leipzig
ISBN: 978-613-1-52210-9

Imprint (only for USA, GB)
Bibliographic information published by the Deutsche Nationalbibliothek: The Deutsche Nationalbibliothek lists this publication in the Deutsche Nationalbibliografie; detailed bibliographic data are available in the Internet at http://dnb.d-nb.de.
Any brand names and product names mentioned in this book are subject to trademark, brand or patent protection and are trademarks or registered trademarks of their respective holders. The use of brand names, product names, common names, trade names, product descriptions etc. even without a particular marking in this works is in no way to be construed to mean that such names may be regarded as unrestricted in respect of trademark and brand protection legislation and could thus be used by anyone.

Cover image: www.ingimage.com

Publisher: Éditions universitaires européennes is an imprint of the publishing house
Südwestdeutscher Verlag für Hochschulschriften Aktiengesellschaft & Co. KG
Dudweiler Landstr. 99, 66123 Saarbrücken, Germany
Phone +49 681 37 20 271-1, Fax +49 681 37 20 271-0
Email: info@editions-ue.com

Printed in the U.S.A.
Printed in the U.K. by (see last page)
ISBN: 978-613-1-52210-9

INGÉNIERIE DE TRAFIC INTER-DOMAINE POUR L'INTERNET

MERAL SHIRAZIPOUR & SAMUEL PIERRE

UNIVERSITÉ DE MONTRÉAL
ÉCOLE POLYTECHNIQUE DE MONTRÉAL

Remerciements

Nous désirons remercier Yves Lemieux et Suresh Krishnan de Ericsson Canada, pour leur collaboration par leurs commentaires techniques.

Résumé

Dans un futur très proche, le réseau Internet actuel devra être adapté de manière à pouvoir supporter en grande partie du trafic multimédia et du trafic à caractère mission critique. Ce type de trafic en temps réel nécessite une qualité de service (QdS) soutenue de bout-en-bout pendant la durée de la connexion. L'Internet actuel est de nature "*best effort*" et n'offre aucune garantie sur la QdS perçue. La tendance actuelle pour offrir une certaine QdS est de faire de l'ingénierie de trafic. L'ingénierie de trafic est la meilleure façon pour obtenir un bon rendement du réseau en terme de QdS, tout en optimisant son utilisation. La plupart des méthodes d'ingénierie de trafic proposées dans la littérature traitent du problème au niveau intra-domaine, i.e. au niveau d'un domaine à administration unique. Or, le trafic sur Internet traverse entre deux à huit domaines autonomes (AS) avant d'atteindre sa destination. Ce mémoire traite du problème d'ingénierie de trafic au niveau inter-domaine.

Les techniques d'ingénierie de trafic inter-domaine actuelles sont basées sur le protocole de routage BGP, le seul protocole de routage inter-domaine déployé sur Internet. Ces techniques manipulent les attributs de chemins de BGP pour obtenir un certain contrôle sur le trafic inter-domaine. Ces techniques, non fiables, manquent de granularité et offrent une marge de manœuvre restreinte pour les mécanismes d'ingénierie de trafic. En d'autres termes, ces techniques ne suffisent pas pour soutenir la QdS d'un flot de bout-en-bout.

Dans ce mémoire, nous proposons un cadre générique d'ingénierie de trafic inter-domaine. Nous divisons le problème en deux volets, notamment le volet contrôle du trafic et le volet signalisation de l'état des chemins inter-domaine. Pour contrôler le trafic à travers plusieurs ASs, nous étendons la technologie MPLS au niveau inter-domaine. Dans le but de rester consistant avec d'autres travaux de recherche sur ce sujet, pour le déploiement des LSPs nous utilisons des propositions existantes sur des extensions au protocole RSVP-TE. De plus, pour la signalisation de l'information sur les états des routes inter-domaine, nous proposons l'utilisation de l'attribut de chemin QoS_NLRI du protocole BGP.

Dans notre proposition, nous assumons que des techniques d'optimisations intra-domaine sont en place dans les ASs traversés. L'objectif de notre méthodologie d'ingénierie de trafic consiste à obtenir une meilleure QdS comparée au routage IP traditionnel. Notre but est de protéger le trafic des situations de congestion et de panne inter-domaine. Nous utilisons le logiciel de simulation OPNET Modeler 10.5. L'étude de performance démontre qu'en utilisant notre méthode dans une situation de congestion ou de panne, la QdS peut être considérablement améliorée comparativement au routage traditionnel. De plus, notre étude de performance a démontré l'importance du temps de réponse dans le cas de congestion ou panne inter-domaine.

Abstract

Following the trend of an all-IP communication media, the percentage of multimedia and mission critical traffic will rise in the Internet. Real time traffic usually requires strict quality of service (QoS) guarantees from the network. However, the Internet as we know it today, is best effort, i.e. does not provide any QoS guarantees to the transmitted traffic. In fact, it treats real time the same way as non real time traffic. Traffic engineering is the best solution for getting the best performance from a network, while optimizing resource utilization. Most traffic engineering methods relate to one or few specific networks under a common administration. Yet the traffic in the Internet crosses between two to eight autonomous systems (AS) before reaching its destination. This implies that traffic engineering techniques need to support the traffic across more than one AS.

Little work has been done in the inter-domain traffic engineering field. Most techniques rely on the use of BGP, which is the inter-domain routing protocol used in the Internet. These techniques make use of BGP path attributes to prefer some inter-domain routes to others. These techniques are unreliable when trying to offer a certain QoS sustained end-to-end. They lack granularity and offer a limited range of possibilities for traffic engineering mechanisms.

In this work we propose an inter-domain traffic engineering framework. We divide the problem in two sub-problems: inter-domain traffic control and inter-domain QoS signaling. We use MPLS to solve the first sub-problem. MPLS as known today can only be deployed inside a uniquely administrated network. We propose extensions to MPLS for inter-AS LSP deployment. To be consistent with ongoing research in this field, we consider already proposed extensions to RSVP-TE for our inter-AS LSP setup. For the second sub-problem, to signal the state of inter-domain paths, we propose the use of the QoS_NLRI path attribute in BGP.

The goal of our traffic engineering technique is to obtain a better QoS compared to plain IP routing. We want to protect the traffic across multiple ASs from congestion, node, and link failures. We assume that intra-domain traffic engineering and optimization techniques are available inside all ASs. Our simulations are conducted on OPNET Modeler 10.5. Our results show that inter-domain traffic engineering, specifically path protection against congestion and failures, can significantly improve QoS. They also show that the response time to congestion or failure events can significantly impact the experienced QoS.

Tables des Matières

Liste des tableaux

Liste des figures

Liste des sigles et abréviations

AS	Autonomous System
ASBR	AS Boundary Router
BE	Best Effort
BGP	Border Gateway Protocol
CAC	Connection Admission Control
EGP	Exterior Gateway Protocol
FEC	Forwarding Equivalency Class
IETF	Internet Engineering Task Force
IGP	Interior Gateway Protocol
IGRP	Interior Gateway Routing Protocol
ILM	Incoming Label Map
LDP	Label Distribution Protocol
LER	Label Edge Router
LFIB	Label Forwarding Information Base
LSP	Label Switched Path
LSR	Label Switch Router
MPLS	Multi-Protocol Label Switching
NHLFE	Next Hop Label Forwarding Entry
OSI	Open System Interconnection
OSPF	Open Shortest Path First
PCE	Path Computation Element
PDU	Protocol Data Unit
PHB	Per Hop Behavior
RIP	Routing Information Protocol
RPV	Réseau Privé Virtuel
RSVP	Resource ReserVation Protocol
SLA	Service Level Agreement
SNMP	Simple Network Management Protocol

CHAPITRE I
INTRODUCTION

La crise récente du secteur des télécommunications constitue la priorité numéro un des opérateurs de réseaux qui cherchent à remédier à cette situation. Parmi les solutions proposées figurent : la transition des services téléphoniques sur des accès IP à des coûts compétitifs, l'offre de nouveaux services de communications par les fournisseurs de services, et la régulation du secteur. Les nouvelles applications comptent, entre autres, la vidéo téléphonie et la vidéo à la demande, qui diffèrent totalement des types d'applications supportées par le réseau Internet actuel. Ces applications impliquent à la fois son, données, images et animation. Elles concernent tous les aspects de la vie moderne dont, la communication entre personnes, la diffusion de l'information, le jeu, l'éducation, le commerce, la médecine, etc. Comme l'Internet est la plate-forme de communication désignée par les organisations de standardisation pour supporter ces services multimédias, il s'avère nécessaire de remédier à sa nature "*best effort*" pour offrir la performance nécessaire au bon fonctionnement de ces applications. Or, offrir un service performant sur l'Internet est un grand défi en raison de l'hétérogénéité des milliers de domaines qui composent ce réseau mondial.

Le présent mémoire se penche sur différentes techniques de communication entre les domaines hétérogènes de l'Internet, qui devraient permettre l'approvisionnement de bout-en-bout en ressources et l'obtention des performances désirées par diverses applications. Ce chapitre d'introduction présente les concepts de base du réseau Internet, puis les éléments de la problématique, suivi des objectifs de recherche et enfin le plan global du mémoire.

1.1 Définitions et concepts de base

L'Internet est composé d'environ 14 000 domaines distincts, appartenant à des fournisseurs de service Internet ou à des compagnies. Ces domaines ont souvent des administrations différentes. De ce fait, ils sont appelés *systèmes autonomes*, AS.

Un AS consiste en un groupe de routeurs qui fonctionnent sous la même administration, et qui peuvent aussi être divisés en des sous-systèmes autonomes faisant partie de ce qu'on appelle une confédération. Par ailleurs, il existe deux sortes de domaines : ceux qui produisent et consomment des paquets, et ceux qui servent également de réseaux de passage pour les paquets des autres domaines.

L'Internet a été développé pour transporter des données. Il utilise un système de routage qui varie avec le temps et les conditions du réseau. Le protocole IP est un protocole sans état qui ne garde aucune information sur les connexions, d'où son service caractérisé *sans connexion.* Le service de livraison de l'Internet est identifié comme "*best effort*", ce qui implique qu'il tente d'expédier le trafic, mais en présence d'un problème, le trafic est rejeté.

Les mesures de performance du réseau Internet actuel sont : le délai, la gigue et la perte de paquets. Ces caractéristiques de l'Internet affectent surtout le trafic audio et vidéo. Le délai aller-retour est le temps pris pour envoyer un paquet et recevoir une réponse du nœud destination. Sur l'Internet, ce délai varie de 70 à 160 ms ou plus. Le ITU-T G.114 recommande 300 ms ou moins pour un délai acceptable par des applications de téléphonie. La gigue est la variation de délai entre les arrivées des paquets. La gigue peut causer des complications au niveau du récepteur. La perte de paquets est importante, car elle affecte le récepteur lors du décodage et peut être perçue par les usagers. Si la perte est aléatoire, le récepteur peut compenser pour jusqu'à 10% de perte. Par contre, la perte de paquets dans l'Internet se fait par rafale, donc un grand nombre de pertes, survient parmi un petit nombre de paquets. Cela complique le support des applications multimédia qui sont mieux supportées quand les pertes sont dispersées et aléatoires. Pour contrer l'indéterminisme du service "*best effort*" de l'Internet, les concepts de qualité de service et d'ingénierie de trafic motivent des efforts de recherche intensifs de la communauté scientifique.

1.1.1 La qualité de service

La Qualité de Service (QdS) est initialement un terme utilisé dans le modèle OSI pour désigner la capacité du réseau à fournir aux usagers un service en tenant compte de leurs besoins en terme de débit, délai, gigue et perte de paquets. Ces quatre termes font partie d'un thème commun, dont la congestion ou contention pour les ressources du réseau. Donc, pour offrir la QdS désirée, la congestion doit être contrôlée, car sa présence dans le réseau contribue à la détérioration des quatre besoins mentionnés ci-dessus.

1.1.2 L'Ingénierie de trafic

L'ingénierie de trafic est un aspect de l'ingénierie de réseau qui consiste à conduire des évaluations de performance pour optimiser l'opération du réseau. Il consiste à utiliser la technologie et les principes scientifiques pour *mesurer*, *caractériser*, *modéliser* et *contrôler le trafic*. Une analogie possible est que l'ingénierie de réseau consiste à mettre de la largeur de bande là où il y a du trafic, alors que l'ingénierie de trafic consiste à mettre le trafic là où il y a de la largeur de bande disponible. L'ingénierie de trafic est un terme qui englobe, entre autres, le contrôle de congestion et le recouvrement de panne. Son efficacité dépend de la granularité et de la rapidité avec lesquelles le trafic peut être contrôlé.

1.2 Éléments de la problématique

Les applications multimédias émergentes ont des exigences très strictes en terme de QdS soutenue de bout-en-bout. Or, pour offrir une QdS de bout-en-bout, le contrôle de trafic doit aussi se faire de bout-en-bout. Étant donné que sur l'Internet le trafic traverse plus d'un domaine avant d'atteindre sa destination, des techniques *inter-domaine* de signalisation de la QdS, de contrôle de trafic et d'approvisionnement de ressources s'avèrent nécessaires. Les architectures de support de QdS comme *IntServ*, *DiffServ*, *DiffServ* sur MPLS existent, mais leur spécification est limitée à l'usage intra-domaine. Au niveau inter-domaine, l'emploi du protocole BGP constitue actuellement le seul moyen pour effectuer de l'ingénierie de trafic. Cependant, ce moyen n'est pas efficace, car il manque de granularité au niveau du contrôle des flots, et ne possède pas les algorithmes d'optimalisation nécessaires à garantir différents niveaux de services, tout en maximisant la rentabilité.

1.3 Objectifs de la recherche

L'objectif principal de ce mémoire est de proposer une architecture inter-domaine de support de QdS soutenue de bout-en-bout, ainsi que les algorithmes et la signalisation correspondants. D'une manière plus spécifique, ce mémoire vise les objectifs suivants :

- analyser les solutions déjà implémentées ou proposées dans la littérature en ce qui concerne le contrôle de trafic inter-domaine;
- analyser les différents ajustements et extensions possibles aux algorithmes et signalisation déjà en place ou déjà proposés;
- concevoir une architecture inter-domaine de support de QdS de bout-en-bout, en considérant les protocoles déjà en place, la signalisation déjà existante et leurs interactions avec les protocoles et mécanismes nécessaires;
- évaluer la performance des algorithmes et des signalisations proposés au moyen de simulations, en les comparant à la situation actuelle d'ingénierie de trafic inter-domaine, afin de mesurer l'amélioration apportée par les propositions de ce mémoire.

1.4 Plan de mémoire

Faisant suite à ce chapitre d'introduction, le deuxième dresse un état de l'art de la littérature relative à l'ingénierie de trafic inter-domaine et aux améliorations proposées. Le troisième chapitre introduit l'architecture et la signalisation proposées. Le chapitre quatre présente ensuite leur implémentation en détail avec des résultats de simulations. Enfin, le cinquième chapitre qui tient lieu de conclusion, fait une synthèse du travail présenté dans ce mémoire en mettant en évidence les principales contributions et les travaux futurs.

CHAPITRE II
ÉTAT DE L'ART DE L'INGÉNIERIE DE TRAFIC INTER-DOMAINE

Les fournisseurs de services prévoient de faire la plus grande partie de leurs profits dans la commercialisation de nouvelles applications qui requièrent différents niveaux de qualité de service (QdS) soutenue de bout-en-bout. La plus grande partie du trafic produit par ces applications sera à caractère "mission critique" ou dépendra de la performance du réseau. Toutefois, le réseau de transport de choix, l'Internet, est composé de milliers de domaines indépendants. Souvent le trafic doit parcourir plus d'un de ces domaines avant d'atteindre une destination. Ainsi, pour garder le contrôle du trafic de bout-en-bout, la QdS doit être assurée à travers plusieurs domaines. Pour cela, de nouvelles techniques d'ingénierie de trafic inter-domaine doivent être développées, car les méthodes déjà existantes ne sont pas assez efficaces pour cette tâche. De plus, l'hétérogénéité des méthodes d'ingénierie de trafic implémentées dans chaque domaine complique le problème et nécessite une interopérabilité des techniques d'ingénierie de trafic au niveau inter-domaine. Ce chapitre dresse un état de l'art des techniques de l'ingénierie de trafic inter-domaine existantes ou proposées. Après avoir mis en évidence les carences de l'Internet en mécanismes de QdS, l'ingénierie de trafic avec BGP est décrite. Suivent des propositions de déploiement de MPLS au niveau inter-domaine et une présentation des problèmes relevés.

2.1 Qualité de service dans l'Internet

Les futures applications de l'Internet requièrent différents niveaux de qualité de service. Cela complique le travail des fournisseurs de services dont l'objectif est de satisfaire les tolérances variées de ces applications face au délai, à la gigue et au taux de perte, tout en gardant une certaine rentabilité. Pour cela, différents algorithmes et architectures ont été proposés et même implémentés. Cependant, garantir la QdS tout en optimisant les ressources demeure un problème compliqué qui reste à résoudre.

La performance perçue par les usagers constitue l'aspect le plus important à considérer. Cela implique que la QdS requise doit être soutenue de bout-en-bout, d'un terminal usager à un autre. Comme le trafic traverse en moyenne entre deux à huit ASs avant d'atteindre sa destination [22], pour être soutenue de bout-en-bout, la QdS doit être assurée dans plus d'un domaine, d'où l'intérêt des mécanismes d'ingénierie de trafic *inter-domaine.*

La possibilité d'offrir une QdS soutenue de bout-en-bout dans l'Internet reste un défi dû à l'hétérogénéité des politiques de QdS adoptées dans les différents ASs. Parmi les méthodes d'ingénierie de trafic inter-domaine proposées dans la littérature, celles utilisant BGP demeurent les plus déployées. On propose aussi des techniques plus raffinées comme des *extensions aux attributs de "community"* de BGP et *MPLS déployé au niveau inter-domaine.* Celles-ci constituent des propositions de standardisation en attente à l'IETF. Cependant, même si ces propositions permettent de contrôler le trafic, elles ne spécifient pas nécessairement comment signaler et assurer la QdS de bout-en-bout. Une analyse de ces méthodes peut déboucher sur des améliorations ou développements de techniques d'ingénierie de trafic inter-domaine capables d'offrir les performances désirées.

2.2 Ingénierie de trafic inter-domaine avec BGP

L'ingénierie de trafic inter-domaine avec le protocole BGP est réalisée en ajustant les messages de mise à jour de routage [7]. Ces techniques, tout en ayant leurs limitations, sont importantes en raison de leur déploiement à grande échelle sur l'Internet. Toutes méthodes dynamiques d'ingénierie de trafic utilisant BGP doit être bien pensée car, comme elles augmentent normalement le nombre de messages BGP, elles peuvent aussi toucher sa stabilité sur l'Internet. Pour comprendre leur fonctionnement et leur importance, il est nécessaire de bien connaître le protocole de routage extérieur BGP.

2.2.1 Protocole de routage inter-domaine BGP

Au niveau intra-domaine, les protocoles de routages tels que RIP, OSPF et IGRP assistent le protocole IP. Le routage inter-domaine ne peut pas utiliser des protocoles comme RIP et OSPF. Cela s'explique simplement par le fait que les routeurs au niveau inter-domaine ne suivent pas tous les mêmes buts et restrictions comme dans le cas des routeurs d'un même AS. Avec des restrictions différentes, utiliser des algorithmes à base de métrique conduit assurément à des boucles ou des routes inconsistantes.

BGP, *protocole de passerelle frontière*, représente le protocole inter-domaine de choix pour supporter le protocole IP. L'Internet déploie actuellement la version 4 de ce protocole. BGP est utilisé pour envoyer des messages d'adjacence entre les ASs. Il est considéré comme un protocole de routage à *vecteur de chemins*. Les protocoles de routage sont habituellement classifiés comme des protocoles à *état de liens* (OSPF) ou à *vecteur de distance* (RIP). Le routage à *vecteur de chemins* est similaire au routage à *vecteur de distance*, sans les métriques de distance [30]. Avec BGP, la mise à jour de routage énonce la liste complète des ASs traversés.

Le protocole BGP peut fonctionner de manière *interne* ou *externe* par rapport à un AS. Les messages BGP entre des routeurs appartenant au même AS proviennent du I-BGP (*BGP interne*). Les routeurs de différents ASs échangeant des messages BGP fonctionnent avec E-BGP (*BGP externe*).

Les sessions BGP fonctionnent avec le protocole de transport TCP, qui est fiable. BGP n'a donc pas besoin de s'occuper de la fragmentation ou des accusés de réception. Une connexion TCP entre deux nœuds BGP (*des pairs BGP*) est nécessaire pour engendrer la session. Donc, les routeurs ne peuvent pas se découvrir de façon automatique et doivent être manuellement configurés avec les identités des pairs BGP. L'ouverture d'une connexion BGP se fait avec le message *OPEN*, tel qu'illustré à la Figure 2.1. Les deux routeurs s'introduisent avant d'échanger leur table de routage. L'échange initial concerne la table de routage au complet. Par la suite, seuls les changements de topologie sont signalés par des messages *UPDATE*. Des messages *KEEPALIVE* sont envoyés périodiquement pour maintenir la connexion. Si un routeur n'envoie plus de message *KEEPALIVE* à ses pairs, ces derniers vont rejeter toutes les routes qu'ils ont apprises de ce routeur. Des messages *NOTIFICATION* sont envoyés en cas d'erreurs ou en présence de conditions spéciales. En cas d'erreur, la connexion est terminée.

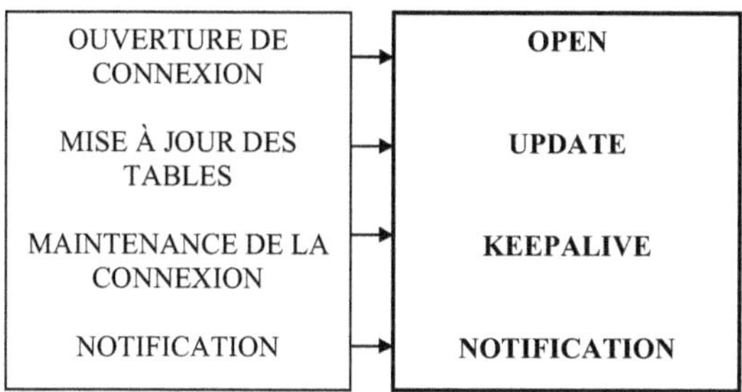

Figure 2.1 Messages BGP de base

Il existe aussi d'autres types de messages, comme par exemple le *ROUTE-REFRESH* qui sert à demander l'envoi de la table de routage au complet au milieu d'une connexion.

2.2.2 Les attributs de BGP

Les messages *UPDATE* contiennent de l'information sur l'adjacence et aussi sur les attributs de chemins (*path attribute*) [28]. Les attributs, le plus important attrait de BGP, transmettent l'information concernant les routes. Ils sont encodés d'une manière qui facilite l'ajout des extensions qui pourront être apportées à BGP. Les attributs standardisés sont décrits au Tableau 2.1. Des attributs additionnels à BGP seront décrits plus loin dans ce chapitre.

L'attribut *ORIGIN* décrit comment un préfixe a été routé par le AS d'origine. Le préfixe peut avoir été routé par un protocole de routage interne, externe ou de façon statique. L'attribut *AS-PATH* comprend les ASs par lesquels l'annonce de la route a passé. Chaque AS attache son numéro (ASN) à cet attribut avant d'annoncer la route à nouveau. L'attribut *NEXT-HOP* précise au nœud BGP qui l'a reçu l'adresse du prochain nœud de la route portant l'attribut. L'attribut *Multi-Exit-Discriminator* (*MED*) est une métrique de préférence entre des liens reliant une paire de ASs. L'attribut *LOCAL-PREF* sert à choisir parmi plusieurs routes vers le même préfixe IP. Le *MED* est différent du *LOCAL-PREF*, car il n'est strictement valide qu'entre des pairs de ASs, alors que le *LOCAL-PREF* peut aussi servir entre les routeurs d'un même AS. Finalement, les attributs *ATOMIC-AGGREGATE* et *AGGREGATOR* servent à informer des décisions prises lors des agrégations de préfixes de routage plus spécifiques.

Tableau 2.1 Les attributs de base de BGP

ATTRIBUTS DE BGP	
Attributs	***Description***
ORIGIN	Indique si les routes ont été apprises d'un IGP, d'un EGP ou d'un administrateur de réseau.
AS-PATH	Énumère les ASs qui font partie du chemin, de la source jusqu'à la destination.
NEXT-HOP	L'adresse IP du prochain routeur pour atteindre la destination de la route portant cet attribut.
MULTI-EXIT-DISC	Le *MED* permet aux ASs de choisir parmi plus d'une route qui les relierait.
LOCAL-PREF	Possède les priorités du *MED*, mais il est aussi valide pour les routes internes au AS.
ATOMIC-AGGREGATE	Indique si la route est obtenue par l'agrégation d'autres routes plus spécifiques.
AGGREGATOR	Attribut optionnel qui indique le routeur ayant réalisé l'agrégation.

Lorsqu'il existe plus d'une route vers la même destination, le protocole BGP fait appel à une procédure en six étapes pour prendre une décision. Des routes sont comparées de cette manière seulement si elles possèdent le même préfixe. Si un préfixe est plus précis que les autres, il est choisi sans passer par les étapes d'évaluation. La Figure 2.2 montre les étapes et les critères d'évaluation. Donc, pour des routes avec des préfixes identiques, celle ayant le plus haut *LOCAL-PREF* est sélectionnée. Si cela ne permet pas de déterminer une seule route, BGP regarde l'attribut *AS-PATH*. La préférence est donnée à la route ayant le plus court *AS-PATH*. Si une seule route ne peut être, BGP regarde l'attribut *MED* et choisit le *MED* le plus bas. Si cela ne permet pas de trouver une seule route, BGP regarde l'attribut

NEXT-HOP et choisit la route ayant le moindre coût vers son *NEXT-HOP*. Ce coût est déterminé par les bases de données des protocoles de passerelle intérieure (IGP). Finalement, si cela ne permet toujours pas de choisir une seule route, la préférence est donnée à la route provenant de E-BGP. S'il existe plus d'une route provenant de E-BGP, celle ayant le plus petit identificateur BGP est choisie. L'identificateur BGP consiste simplement en un numéro désigné à la session BGP lors de son ouverture. Parmi plusieurs routes provenant de I-BGP, l'identificateur BGP est encore utilisé pour choisir une route.

Procédure de sélection de route par BGP

1. **La route avec le LOCAL-PREF le plus élevé**
2. **La route avec le AS-PATH le plus court**
3. **La route avec le MED le plus bas**
4. **La route avec le coût le plus bas pour atteindre le NEXT-HOP**
5. **Préférer les routes E-BGP sur les routes I-BGP**
6. **Pour I-BGP, choisir celle avec l'identificateur BGP le plus bas**

Figure 2.2 Sélection de route dans BGP

D'autre part, l'attribut "*community*" sert aux fournisseurs de services pour attacher de l'information optionnelle aux routes annoncées. Il est librement initialisé et interprété par le AS initial et offre la possibilité d'associer un identificateur à la route. Cet identificateur peut déterminer le type de traitement donné à la route par divers renforcements de politiques. Des analyses récentes des tables de routage BGP montrent que près de 50% des routes sont porteuses de cet attribut [6]. Les attributs "*community*" peuvent être classifiés en trois types différents décrits au Tableau 2.2.

Tableau 2.2 Classification de l'attribut "*community*"

Attributs "community"	
Types	***Descriptions***
Informationnel	N'affecte pas le traitement des messages *UPDATE* de BGP. Donne de l'information sur l'origine de l'attribut et peut être utile pour le déboguage.
Coloriage	Identifie (colore) les routes qui partagent des propriétés communes. Peut affecter le traitement des messages *UPDATE* par certains routeurs.
Signalisation	Demande explicitement à des routeurs ou AS d'exécuter certaines actions.

Étant donné l'étendue de l'usage des attributs de "*community*", leur standardisation serait souhaitable. Cela permettrait un meilleur support de ces attributs aux frontières des ASs. D'ailleurs, des efforts sont présentement effectués dans des organisations comme l'IETF à des fins de standardisation de ces attributs.

2.2.3 L'ingénierie de trafic avec BGP

L'ingénierie de trafic intra-domaine consiste à contrôler le flux de paquets dans le but d'optimiser l'utilisation des ressources, tout en évitant la congestion [3]. L'ingénierie de trafic inter-domaine contrôle le flux de paquets au niveau des frontières des domaines pour essayer d'offrir une meilleure QdS. Des architectures d'ingénierie de trafic comme *MPLS*, *DiffServ* ou *IntServ* ne sont toujours pas supportées au niveau inter-domaine. La seule façon actuellement utilisée pour exercer l'ingénierie de trafic au niveau inter-domaine consiste à manipuler la configuration de BGP. Les méthodes utilisant BGP sont à base d'essais et d'erreurs, en plus d'être limitées dans les possibilités qu'elles offrent. Ces méthodes peuvent être classées comme des techniques de contrôle de trafic *entrant* ou de trafic *sortant* du AS.

Contrôle du trafic sortant

Une première technique pour contrôler le trafic sortant consiste à utiliser l'attribut *LOCAL-PREF*. Dans un contexte d'ingénierie de trafic, la valeur de cet attribut peut être déterminée dynamiquement à l'aide de mesures actives ou passives. Cette technique manque clairement de précision pour contrôler le flux de manière efficace. Une situation où l'utilisation du *LOCAL-PREF* peut être intéressante se présente lorsqu'un réseau client a deux liens vers le AS fournisseur. Un de ces liens peut avoir une largeur de bande moins importante. En assignant un *LOCAL-PREF* moins élevé à ce lien, on peut favoriser le lien à plus forte largeur de bande [7]. Un autre exemple de l'utilisation possible de cet attribut est un réseau client qui est connecté à deux ASs fournisseurs, dont une est moins coûteuse que l'autre. L'ingénierie de trafic peut consister simplement à baisser le *LOCAL-PREF* du lien le plus coûteux.

Une deuxième technique consiste à compter sur le routage intra-domaine pour influencer la route prise par le trafic sortant [7]. Le problème avec cette méthode est que la meilleure route intra-domaine n'aboutit pas toujours à la meilleure route inter-domaine.

Contrôle du trafic entrant

Pour contrôler le trafic entrant, les routeurs BGP peuvent annoncer des routes différentes sur chaque lien. Par exemple, à la Figure 2.3, supposons que AS1 décide de faire de la répartition de charge et de recevoir le trafic destiné à AS3 et provenant de AS2 sur le lien R16-R22. AS1 peut faire cela en annonçant les routes allant à AS3 seulement sur le lien R16-R22. Par contre, si jamais une panne se produit sur ce lien, AS2 ne saura pas que le lien R14-R21 mène aussi à AS3.

Une autre méthode consiste à faire des annonces sélectives des préfixes plus spécifiques. Cela règle le problème que nous venons de mentionner parce que les routeurs choisissent toujours les routes ayant des préfixes les plus spécifiques comparé à l'adresse de destination. Donc, en cas de panne, l'autre route sera connue tout de même et pourra être utilisée. Par exemple, à la Figure 2.3, supposons que l'adresse IP de R31 est 198.168.25.1 et que les routeurs R14 et R16 l'annoncent par 198.168.0.0/16 et 198.168.25.0/24 respectivement. Les routeurs de AS2 prendront toujours la route la plus spécifique, donc R16-R22 sera le lien choisi. Par contre, en cas de panne sur ce lien, R14-R21 serait quand même connu et utilisé.

D'autres méthodes consistent à varier artificiellement la longueur de l'attribut *AS-PATH* ou à utiliser l'attribut *MED* pour influencer le trafic rentrant. Toutes ces techniques demeurent non formelles et, avec leurs spécifications actuelles, elles ne peuvent pas garantir une QdS de bout-en-bout.

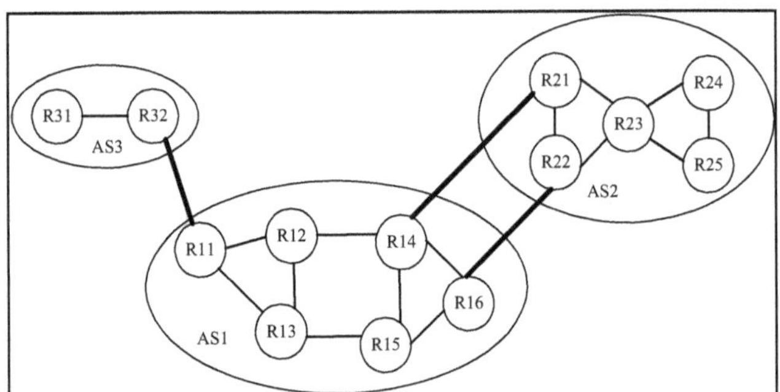

Figure 2.3 Exemple de contrôle de trafic entrant

2.2.4 L'attribut "*community*" et l'ingénierie de trafic

Dans le contexte d'ingénierie de trafic inter-domaine, l'attribut "*community*" peut servir à spécifier les modifications artificielles à apporter au *AS-PATH* ou à contrôler l'annonce d'une route en fonction des pairs auxquels elle est envoyée [7]. Ces techniques ne sont pas efficaces parce qu'elles requièrent une configuration manuelle des filtres BGP, ce qui résulte en des définitions informelles des valeurs des attributs "*community*". De plus, chaque AS doit communiquer la sémantique de ses attributs aux autres ASs. Cela risque d'introduire encore plus d'erreurs de routage dans l'Internet. Une autre difficulté est causée par la transitivité des attributs d'un AS à l'autre. Le problème des tables de routage BGP toujours grandissantes existe déjà. Comme les attributs doivent être sauvegardés dans ces tables de routage, les problèmes de mémoire peuvent être empirés. Pour ces raisons, l'IETF tente actuellement de standardiser ces attributs sous le nom "*redistribution communities*".

Les "*redistribution communities*" sont une proposition en attente à l'IETF. Les attributs de redistribution [5] servent à contrôler le trafic entrant tout en offrant une plus grande granularité que les méthodes décrites précédemment. Ils définissent un drapeau qui peut demander la non-transitivité de l'attribut. Cela veut dire que le AS recevant cet attribut ne le rediffusera pas par la suite. Le Tableau 2.3 décrit quelques propositions des actions à commander avec les attributs de redistribution. En règle générale, les attributs de redistribution servent à influencer les ASs pairs lors de la redistribution des routes qui leur sont annoncées. Leur utilité pour l'ingénierie de trafic inter-domaine demeure limitée.

Tableau 2.3 Opérations des attributs de redistributions

Opérations que les attributs de redistributions peuvent exiger
⦥ N'annonce pas cette route au pair BGP spécifié dans l'attribut
⦥ N'annonce cette route qu'au pair BGP spécifié dans l'attribut
⦥ Annonce cette route au pair BGP spécifié avec l'attribut *NO_EXPORT*, i.e. n'annonce pas la route à d'autre AS.
⦥ Annonce cette route au pair BGP spécifié après avoir ajouté artificiellement *N* fois à son *AS-PATH*

2.2.5 L'attribut QOS_NLRI

Dans un autre ordre d'idée, l'attribut *QOS_NLRI* a été proposé pour propager de l'information concernant la QdS reliée au "*Network Layer Reachability Information*", ***NLRI*** [11]. Les techniques d'ingénierie de trafic inter-domaine mentionnées jusqu'à maintenant ne tiennent pas compte de la QdS [7]. Elles offraient des mécanismes de contrôle de flux sans identifier l'information nécessaire pour utiliser ces techniques de manière efficace. Pour transmettre de telles informations sur l'Internet, les attributs de BGP étaient le meilleur choix puisque BGP est le seul protocole de routage inter-domaine déployé sur l'Internet. L'attribut *QOS_NLRI* peut contenir des informations de QdS de tout genre comme le délai, la gigue, le débit et le PHB. Conçu pour pouvoir contenir des informations de QdS de tout genre, cet attribut possède plusieurs champs qui sont décrits au Tableau 2.4.

Comme avec les autres attributs BGP, le *QOS_NLRI* est envoyé avec les messages *UPDATE*. Par contre, ici, l'information contenue dans cet attribut peut influencer la procédure de sélection de voie de BGP. Elle peut également être modifiée en traversant différents ASs. L'attribut *QOS_NLRI* peut être utilisé dans des situations classiques de redistributions. Il peut aussi être employé pour des techniques dynamiques d'approvisionnement ou encore avec des architectures de QdS comme *DiffServ* et MPLS.

Tableau 2.4 Champs de l'attribut *QOS_NLRI*

QoS Information Code (1 octet):
Identifie le type d'information de QdS : taux de pertes, délai, gigue, PHB.
QoS Information Sub-code (1 octet):
Identifie le sous-type d'information de QdS : réservé, disponible, min/max, moyenne.
QoS Information Value (2 octets):
Indique la valeur actuelle de l'information sur la QdS .
QoS Information Origin (1 octet):
Identifie l'origine de l'information obtenue.
Address Family Identifier (2 octets):
Le *AFI* donne le protocole de couche 3 qui est associé à l'adresse réseau.
Subsequent Address Family Identifier (1 octet):
Le *SAFI* donne de l'information additionnelle sur le type de préfixe contenu par l'attribut.
Network Address of Next Hop (4 octets):
Contient l'adresse IP du prochain routeur sur le chemin qui mène au préfixe-destination.

2.3 Déploiement inter-domaine de MPLS

MPLS ou la commutation d'étiquettes [25] n'est aujourd'hui utilisé que de façon intra-domaine. Les applications de MPLS comptent les RPV(*Réseaux Privés Virtuels*) et l'ingénierie de trafic, ce dernier étant de plus grand intérêt dans le cadre de ce mémoire. La capacité de MPLS à contrôler le trafic fait de cette technologie la candidate idéale pour des fins d'ingénierie de trafic comme le contrôle de congestion et le recouvrement de panne. Néanmoins, MPLS n'est pas la réponse à la QdS défaillante de l'Internet d'aujourd'hui. En effet, MPLS seule ne suffit pas à répondre aux besoins des flots multimédia ou "mission critique". L'ingénierie de trafic avec MPLS permet simplement de maximiser l'utilisation des liens d'un réseau. Pour répondre au besoin de la QdS, en plus de l'utilisation de MPLS, des algorithmes d'optimisation et la signalisation de la QdS s'avèrent nécessaires.

MPLS au niveau intra-domaine est une technologie standardisée qui à la base, permet d'améliorer le routage, l'acheminement, et la commutation des paquets par les routeurs dans un même AS. Les routeurs se servent d'une étiquette MPLS jouant le rôle d'un en-tête de paquet pour trouver le chemin le plus approprié. La Figure 2.4 montre les composantes principales de MPLS. Les routeurs à commutation d'étiquettes (LSR) forment le domaine MPLS. Les routeurs frontières supportant MPLS sont désignés par le terme LER. Dans un domaine MPLS, le chemin à commutation d'étiquettes (LSP) est la route suivie par un paquet du LER d'entrée jusqu'au LER de sortie. Les LSRs forment le cœur du domaine MPLS. Ils participent à l'établissement des LSPs, à la commutation et à l'acheminement des paquets.

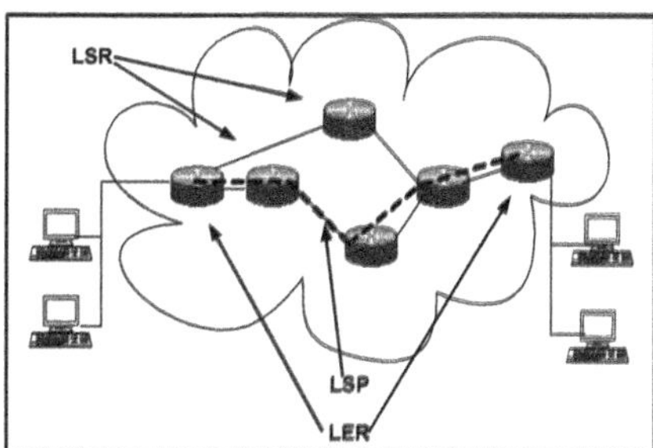

Figure 2.4 Éléments de base d'un réseau MPLS

Les LERs, placés aux frontières d'un domaine MPLS, servent à supporter l'accès multiple au réseau, à assigner et à enlever les étiquettes. De plus, un LSP est simplexe; donc, pour une communication bidirectionnelle, deux LSPs doivent être établis.

MPLS a été conçu comme architecture de gestion de flux et s'appuie sur plusieurs protocoles. Il requiert des protocoles de distribution d'étiquettes pour échanger l'information nécessaire entre les LSRs pairs. Parmi ces protocoles, MPLS-RSVP-TE et MPLS-CR-LDP sont les plus couramment utilisés [25], mais les fournisseurs d'équipements réseaux ont opté majoritairement pour RSVP-TE.

2.3.1 Les aspects caractéristiques de MPLS

Le routage au niveau de la couche réseau comprend une procédure d'acheminement et une procédure de contrôle. L'acheminement d'un paquet est défini comme le passage d'un paquet d'un port d'entrée vers un port de sortie d'un routeur ou d'un commutateur [12]. Cette procédure utilise une table d'acheminement maintenue par des protocoles de routage avec l'information contenue dans le paquet. La procédure de contrôle est responsable de la maintenance de la table d'acheminement. Les protocoles de routage tels que OSPF, RIP, BGP, etc. font partie de la procédure de contrôle. Chaque nœud dans le réseau doit implémenter ces deux procédures. Ainsi le routage au niveau de la couche réseau est réalisé par un regroupement de procédures de contrôles et d'acheminement implémentées dans tous les routeurs formant le réseau.

Lors du routage traditionnel, à chaque paquet est associée une classe de relayage FEC (*Forwarding Equivalence Class*) [12]. D'un point de vue acheminement, les routeurs ne peuvent acheminer les paquets que vers un nombre spécifique d'interfaces de sortie. Donc chaque paquet peut être regroupé selon son prochain bond ou interface de sortie. Ainsi, le routeur traite tous les paquets appartenant au même FEC de la même façon. En terme général, le FEC peut être constitué de différents types de regroupements; quant à la définition des FECs, elle dépend de l'opérateur du réseau. Un FEC peut correspondre à une entrée de table de routage, à des classes de services *DiffServ*, etc. Un paquet est associé à un FEC au niveau du routeur par l'examen de son en-tête IP (adresse de destination, classe de service *DiffServ*, etc.) et par une connaissance de la topologie du réseau (les LSPs disponibles).

Le besoin d'introduire les FECs lors du routage résulte de la relation plusieurs-à-un de l'information de couche réseau d'un paquet et de l'information dans les tables d'acheminements. Les FECs répondent au besoin d'évolutivité (*scalability*) de l'architecture de routage. Une granularité plus fine des FECs permet des mécanismes de différenciation entre différents types de trafics.

Subséquemment, toute architecture de routage doit être consistante. Pour cela, la procédure de contrôle doit offrir une distribution cohérente de l'information de routage. Pareillement, la procédure d'acheminement doit assurer une extraction cohérente de cette information. Cela induit une association consistante des paquets aux FECs.

Ces particularités des architectures de routage traditionnelles s'appliquent aussi aux architectures de routage à commutation d'étiquettes comme MPLS. MPLS est aussi composé d'une partie acheminement et d'une partie contrôle. L'acheminement requiert l'information fournie par l'étiquette que porte chaque paquet ainsi que la table d'acheminement maintenu par le LSR, appelé *LFIB*. Le *LFIB* est créé par les routeurs MPLS d'après les informations obtenues par les protocoles de routage. Il contient l'information de correspondance entre les étiquettes d'entrée et l'étiquette ou l'interface de sortie des paquets. Le contrôle est responsable de la distribution d'information aux LSRs et des algorithmes utilisés par ces derniers pour transformer cette information en des tables d'acheminements. Entre autre, le contrôle inclut l'association (*binding*) des étiquettes aux FECs et la distribution de ces associations aux autres LSRs.

Tout d'abord, une étiquette, comme illustrée à la Figure 2.5, est une entité de longueur fixe et de signification locale, qui sert à identifier le FEC, et est transportée soit par l'en-tête du PDU de couche liaison, soit par une en-tête à part appelée "*Shim*". L'en-tête *Shim* se trouve entre les en-têtes de couche réseau et de couche liaison. Dans l'en-tête *Shim*, le champ étiquette (*Label*) comporte 20 bits représentant la valeur de l'étiquette. Un champ expérimental non-défini de 3 bits suit le champ étiquette. Un bit S est utilisé pour supporter les piles (*stack*) d'étiquettes. Et finalement le champ TTL de 8 bits correspond au même fonctionnement que le temps de vie (*Time To Live*) des paquets IP [12].

Étiquette (Label)	**Exp**	**S**	**TTL**

Figure 2.5 En-tête *Shim* de MPLS

La signification des étiquettes distribuées peut être locale aux interfaces ou aux nœuds. Dans le premier cas, chaque interface peut utiliser toutes les étiquettes disponibles à l'intérieur de sa portée d'étiquettes (*label space)*. Dans le deuxième cas, les étiquettes disponibles sont distribuées parmi les interfaces de la même plate-forme [25].

Dans un domaine MPLS, deux LSRs adjacents doivent s'entendre sur la signification des étiquettes qu'ils utilisent lors de l'acheminement des paquets. Pour cela, un protocole de signalisation appelé LDP (*Label Distribution Protocol*) doit être utilisé [25]. Ce protocole comprend un ensemble de procédures et de messages à l'aide desquels les LSRs établissent des LSPs. Le LDP agencé avec le routage par contrainte permet aussi à MPLS de fonctionner comme mécanisme d'ingénierie de trafic. Le LSP peut être déployé bond par bond ou de façon explicite. Dans le premier cas, chaque bond reçoit une demande de déploiement de LSP et décide du chemin, le prochain bond que le LSP prendra. Dans le cas d'un LSP routé explicitement, le message de demande de déploiement comprend la définition du chemin complet que le LSP devra prendre. Cette dernière technique est très utile pour l'ingénierie de trafic. Deux approches existent pour accomplir ce qui est souvent requis en ingénierie de trafic : pouvoir contrôler le chemin suivi par les paquets et de pouvoir réserver des ressources le long du chemin désiré. Une première approche consiste à utiliser un protocole de distribution d'étiquette avec des extensions permettant la réservation de ressources et le routage explicite. La deuxième repose sur l'utilisation d'un protocole de réservation de ressources avec des extensions permettant la distribution d'étiquettes et le routage explicite. Respectivement, les LDPs, CR-LDP et RSVP-TE accomplissent les tâches mentionnées ci-dessus, bien que beaucoup d'autres propositions existent dans la littérature. Un LSP déployé à l'aide de ces protocoles suit un chemin déterminé par un routage par contrainte. Ce chemin est calculé au LER d'entrée et se soumet à des contraintes reliées aux méthodes d'ingénierie de trafic appliquées dans le réseau donné.

2.3.2 MPLS au niveau inter-domaine

Pour introduire MPLS au niveau inter-domaine, un certain nombre de conditions doivent être satisfaites [33]. Les fournisseurs de services souhaitent garder l'information concernant leurs ressources internes confidentielle. Cela implique qu'une connaissance globale de la topologie ne sera pas disponible pour l'initialisation des LSPs. Un deuxième critère est l'évolutivité (*scalability*) des mécanismes MPLS inter-domaine, en ce qui concerne la saturation du réseau par le protocole IGP, les messages BGP et les extensions au protocole de signalisation. De plus, les buts principaux de MPLS restent identiques au niveau intra-domaine, entre autres :

- supporter des mécanismes d'approvisionnement de QdS, de bout-en-bout dans le cas inter-domaine ;
- optimiser l'utilisation des ressources;
- offrir des méthodes rapides de recouvrement de panne.

Pour établir des LSPs au niveau inter-domaine, il a été proposé dans [29] d'utiliser des points de gestion de largeur de bande (*Bandwidth Management Point, BMP*) et le protocole SIBBS (*Simple Inter-domain Bandwidth Broker Signaling*)[10]. Dans l'architecture proposée, les BMPs peuvent recevoir des demandes d'allocation de ressources (*Resource Allocation Requests, RAR*) de différentes sources. Le message RAR peut parvenir d'un hôte à l'intérieur d'un AS, d'un autre BMP ou d'un agent tiers représentant une application ou un hôte. Le BMP répond au RAR par un message réponse d'allocation de ressource (*Resource Allocation Answer, RAA*). L'authentification de ces messages s'impose pour assurer la sécurité. La Figure 2.6 est un exemple d'établissement de LSP inter-domaine entre AS 1 et AS 3.

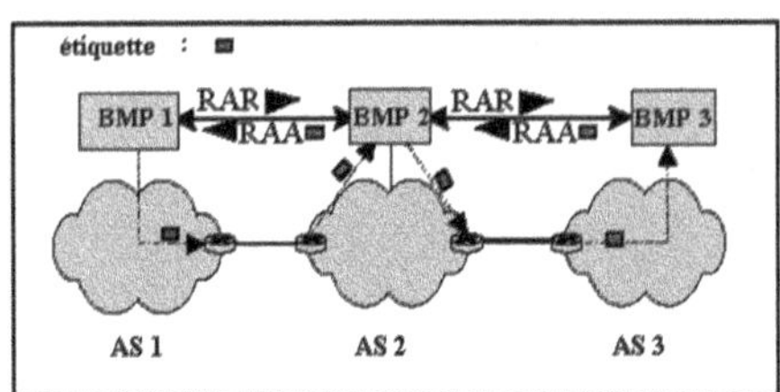

Figure 2.6 Architecture de support LSP inter-domaine

L'extension proposée au protocole SIBBS dans [29] comprend des étiquettes de demande ou *Label Request Flag.* BMP 1 doit envoyer un RAR au BMP 2 avec un *label request flag.* S'il n'existe pas un LSP intra-domaine dans AS 2 qui peut répondre à la demande, BMP 2 demande son établissement au LER de AS 2. Si les ressources ne sont pas disponibles, BMP 2 envoie un RAA négatif au BMP 1. La même procédure est répétée entre BMP 2 et BMP 3. Au AS destination, BMP 3 vérifie si l'hôte destination est disponible. Si cela n'est pas le cas, un RAA négatif est envoyé au BMP 2. Si la destination est accessible, les spécifications de SIBBS y sont vérifiées. En cas de problèmes, un RAA négatif est envoyé au BMP 3. BMP 3 demande au LER d'entrée de AS 3 de lui retourner une étiquette pour le LSP qui sera utilisé, et envoie cette information au BMP 2 par un RAA. BMP 2 à son tour demande aux LERs d'entrée et sortie de AS 2 de lui envoyer une étiquette correspondant au LSP utilisé dans AS 2. BMP 1 exécute la même procédure une fois qu'il reçoit le RAA de BMP 2. BMP 1 complète le processus en envoyant un RAA au système terminal qui a initialisé l'établissement du LSP inter-domaine. Le système terminal, en recevant le RAA, prend pour acquis que tous les LSPs sur son chemin inter-domaine sont établis et peuvent supporter le flux du trafic envisagé pour ce LSP inter-domaine.

La signalisation dans cet exemple est simplifiée et peut très facilement, à l'aide d'extension, introduire la notion de QdS dans cette architecture. Un inconvénient relié à cette solution est l'utilisation du protocole SIBBS qui n'est pas déployé sur Internet. De plus, cette méthode révolutionnaire ne serait pas acceptée par tous les ASs qui composent l'Internet, ce qui empêche d'envisager son déploiement.

Dans le même contexte d'idée, une extension à RSVP-TE a été proposée dans [21] pour faire de l'ingénierie de trafic inter-domaine en utilisant MPLS. Elle touche surtout l'aspect recouvrement de panne de l'ingénierie de trafic, mais la technique de déploiement de MPLS inter-domaine proposée est générale et peut s'appliquer à tout type d'ingénierie de trafic. L'intérêt de cette méthode tient du fait qu'elle n'affecte pas les protocoles de routage et de signalisation inter-domaine déjà existante et ne requiert pas la mise en place de nouveaux protocoles.

Dans le contexte intra-domaine, le LER qui établit un tunnel LSP a une vue globale de la topologie du réseau qui lui est donnée par les protocoles IGP. Cela n'est pas le cas dans un contexte inter-domaine. En effet, le LER qui établit le LSP inter-domaine n'a pas de détail sur la topologie complète de l'Internet : il possède de l'information sur son propre domaine, et les routes inter-domaine qu'il aura apprises par le protocole BGP. Ce qui implique que le LER ne peut pas déterminer le chemin complet de la source à la destination. De plus, le LER source ne connaît pas l'adresse IP du LER destination avant l'établissement du LSP. La seule information qu'il possède à priori concerne le préfixe et le chemin de systèmes autonomes (*AS Path*).

Dans [21], il est proposé d'établir un LSP en se basant sur le préfixe ou le duo préfixe et numéro de AS. Dans le premier cas, le LSP est créé en acheminant un message *Path* dans le réseau pour atteindre le LSR avec une adresse IP qui correspond au préfixe. Dans le second cas, le message *Path* est acheminé pour atteindre le LSR appartenant au AS spécifié.

Connaître le préfixe est crucial lorsqu'un LSP est établi pour la première fois. Après la réception du premier message de réservation, l'adresse IP du LER destination est apprise. Il est possible d'utiliser cette adresse pour établir un nouveau LSP inter-domaine, puis annuler le LSP précédent, sous prétexte que connaître l'adresse IP permet de mieux router un LSP. Ce procédé n'est pas recommandé, car le temps nécessaire à créer un deuxième LSP pourra faire perdre les ressources requises, car d'autres LSR pourront requérir des ressources entre temps. Dans [21], il est proposé de remédier à cette situation à l'aide des messages de rafraîchissement de

RSVP-TE. Les sections qui suivent expliquent les signalisations et les extensions nécessaires d'après [21], pour réaliser des LSPs inter-domaines.

2.4 Particularités du protocole RSVP relatives à RSVP-TE

RSVP (*Ressource reSerVation Protocol*) est devenu un protocole important depuis l'utilisation accrue de l'Internet pour la transmission de trafic à temps réel. RSVP définit comment les applications peuvent réserver les ressources nécessaires à leur type de trafic et comment par la suite les relâcher dans chaque nœud le long du chemin d'un flot.

En général, RSVP est utilisé dans le contexte de l'architecture de qualité de service *IntServ*, en plus de servir pour établir des chemins MPLS (RSVP-TE). La réservation se fait dans un seul sens, donc pour des communications duplexes, deux réservations sont nécessaires. RSVP exige que la demande de la QdS soit faite par l'émetteur et que la réservation soit fait par le récepteur. Cela est utile dans le cas de transmissions *multicast* [30].

RSVP fonctionne par-dessus IP et occupe la place d'un protocole de transport. Par contre, RSVP ne transporte pas de données, mais est plutôt un protocole de contrôle sur Internet. Si l'utilisation directe de services réseau n'est pas permise, RSVP peut être encapsulé dans des paquets UDP. RSVP définit les concepts de flot et de réservation. Le flot est défini comme le trafic allant d'une source à une ou plusieurs destinations. Ce flot est identifié par l'adresse IP de la destination ou la combinaison de cette adresse avec le numéro de port de la destination. Lors de l'identification d'un flot RSVP, il est également possible d'inclure de l'information concernant la source. De plus, chaque flot est spécifié par un *flowspec*, qui définit le débit requis par ce flot. La réservation est engendrée par l'annonce du flot par l'application. Cette annonce peut se faire avant la réservation, de façon périodique ou par une combinaison de ces deux possibilités. Par la suite, la destination fait la réservation des ressources.

Le fonctionnement de RSVP est en mode non-connecté avec les routeurs. Seuls les terminaux source et destination sont en mode connecté. RSVP comporte quelques messages de base énumérés au Tableau 2.5. Chaque message RSVP est constitué d'un en-tête et d'un certain nombre d'objets, comme indiqué à la Figure 2.7.

Tableau 2.5 Types de messages RSVP

Messages RSVP	
Path	Envoyé par la source, il indique la liste des routeurs sur le chemin parcouru par le flot.
Resv	Envoyé par la destination, il demande la réservation.
PathErr	Indique une erreur concernant le chemin.
ResvErr	Indique une erreur concernant la réservation.
PathTear	Demande aux routeurs d'annuler les états concernant le chemin.
ResvTear	Demande aux routeurs d'annuler les états de la réservation, i.e. il indique la fin de la session.
ResvConf	Message de confirmation optionnel envoyé par le routeur au demandeur de la réservation.

Le champ "Type de message" peut identifier le message comme l'un des types mentionnés dans le Tableau 2.5. Le champ *Send_TTL* sert à RSVP pour identifier un routeur non-RSVP. En envoyant un message *Path*, le routeur s'assure que la valeur de ce champ est identique à la valeur du champ *hop_limit* de l'en-tête du datagramme IP. Quand un routeur RSVP reçoit le message *Path*, il décrémente la valeur de ce champ. Ainsi celle-ci reste identique à la valeur du *hop_limit*. Si un routeur non-RSVP est sur le chemin du message, le prochain routeur RSVP peut détecter sa présence en apercevant une différence entre les valeurs de ces deux champs, et par la suite signaler cette constatation par un message d'erreur.

Version	**Flags**	**Type de message**	**checksum**
Send_TTL		**réservé**	**Longueur du message**
Message RSVP : objets RSVP			

Figure 2.7 Message RSVP

Le message *Path* précède le message *Resv* et indique à la destination le chemin où la réservation doit avoir lieu. Sans cette information, la destination connaît seulement l'adresse de la source, ce qui n'est pas suffisant pour permettre la réservation des ressources le long du chemin emprunté par les paquets de données. Le message *Path* vient de la source et suit le même chemin que le flot. Il indique aux routeurs la possibilité d'une éventuelle demande de réservation et peut contenir une description du flot. En effet, il contient l'adresse IP de la destination finale ainsi que l'adresse IP du dernier routeur visité par le message *Path*. En recevant un message *Path*, les routeurs enregistrent l'adresse du dernier routeur visité par le message *Path*, et lors de la réception du message *Resv* correspondant, ils peuvent acheminer ce dernier vers le prochain bond correspondant. Pour ce qui est du message *Resv*, les Figures 2.8 et 2.9 présentent les mécanismes de réservation dans l'hôte et le routeur [8,30]. En premier lieu, la destination, i.e. le récepteur, doit envoyer une requête de QdS au démon RSVP de l'hôte. Cette requête est transmise aux modules de décisions de contrôle d'admission et de contrôle par les politiques. Le module "Contrôle d'admission" détermine si les ressources telles que le débit, le taux de pertes, etc. sont suffisantes pour satisfaire la requête. Le module "Contrôle par les politiques" authentifie l'utilisateur et vérifie son autorisation administrative à envoyer une telle requête. Pour toute réponse négative, le module correspondant envoie un message d'erreur à l'usager.

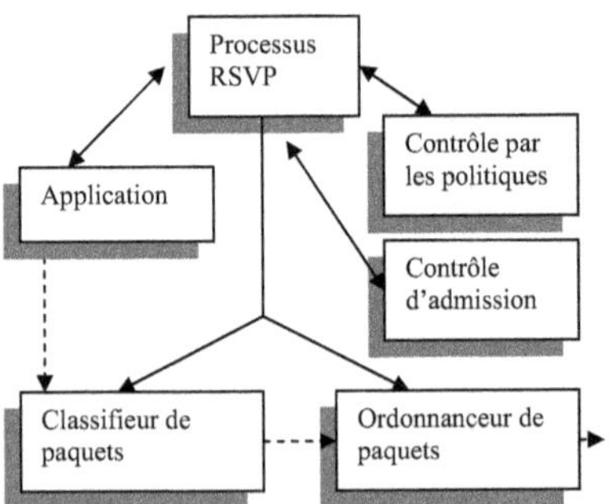

Figure 2.8 RSVP dans un hôte

Ensuite le démon RSVP envoie des paramètres de QdS aux modules de gestions de flots. Le premier module, "Classifieur de paquets", trie ces derniers et détermine leur classe de QdS. Le module "Ordonnanceur de paquets" gère la file d'attente correspondant au service demandé. Ce module décide de la place du paquet dans la file d'attente. Ce procédé est répété dans chaque bond le long du chemin du message *Resv*. Un mémoire cache pour le contrôle du trafic est mis en place dans chaque routeur. Pour répondre au besoin du trafic de façon dynamique, RSVP envoie périodiquement des messages de rafraîchissement (messages *Path* et *Resv*) le long du chemin.

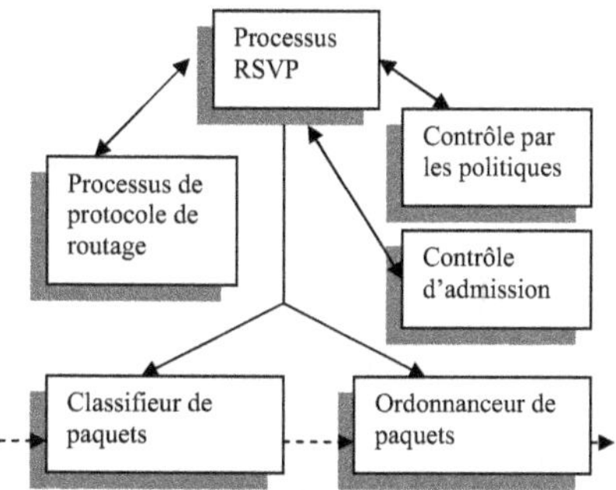

Figure 2.9 RSVP dans un routeur

RSVP est un protocole dit à état transitoire (*soft state*), ce qui lui permet de gérer la demande du flot de façon dynamique. RSVP sollicite les messages *Path* à être envoyés de façon continue durant la vie d'un flot. Pareillement, les messages *Resv* sont envoyés périodiquement. De cette façon, si un meilleur chemin s'offre au flot, il sera considéré par RSVP.

Finalement, les problèmes liés à l'évolutivité (*scalability*) de RSVP peuvent être résolus par des agrégations de flots et par des mécanismes de diminution de messages de rafraîchissements [12].

2.5 Particularités du protocole RSVP-TE

Les modifications apportées par RSVP-TE permettent aux routeurs qui supportent RSVP et MPLS de pouvoir associer des étiquettes MPLS (*label*) aux flots

RSVP. Dans un nœud, les paquets assignés à la même étiquette appartiennent au même FEC, qui définit un flot RSVP. Les paquets appartenant au même FEC sont routés de la même façon le long d'un LSP [2,25].

Les particularités de MPLS requièrent l'introduction de nouveaux objets RSVP. Parmi ceux-ci figure l'objet étiquette appelé *LABEL*, transporté dans le message *Resv* et l'objet LABEL_REQUEST, transporté par le message *Path*. L'objet LABEL_REQUEST sert à deux fonctions. En premier lieu, il sert à indiquer au LER destination, i.e. le dernier routeur sur le chemin du message *Path*, qu'il doit initier une réservation pour établir un LSP. En second lieu, cet objet a un champ spécifique qui identifie le protocole de couche supérieure (IPv4, IPv6, IPX,etc.) qui utilisera cet LSP [2]. Ceci est nécessaire car une fois que le dernier routeur sur le chemin du LSP enlève la dernière étiquette, l'acheminement du paquet se poursuit à l'aide de l'en-tête de couche réseau du paquet. Par contre, le dernier routeur ne connaît pas le protocole de couche réseau utilisé par le paquet. C'est pourquoi RSVP-TE utilise l'objet LABEL_REQUEST pour envoyer cette information.

Quand un LSR répondant à un LABEL_REQUEST veut réserver un LSP pour un nouveau flot, il lui assigne une étiquette, enregistre celle-ci auprès de son *LFIB* (base de données) et envoie un message *Resv* avec cette étiquette comme objet *LABEL*. Le prochain LSR sur le chemin reçoit ce message *Resv* contenant cet objet *LABEL*. À son tour, il met à jour son *LFIB* avec cette information comme étiquette de sortie et assigne une étiquette d'entrée qu'il insert dans le message *Resv* avant de l'acheminer vers le prochain LSR. De la sorte, le message *Resv* traverse les LSRs sur le chemin de la destination vers la source, créant ainsi un LSP.

La Figure 2.10 montre un exemple d'établissement de LSP avec RSVP. Le LER 2 reçoit le message *Path* du LER 1 et sait qu'il doit faire une réservation le long du chemin indiqué par le message *Path*. Il envoie alors un message *Resv* au premier routeur, le LSR 3, avec une étiquette assignée LABEL = 25. Ce dernier assigne l'étiquette 23 pour cette réservation et achemine le message *Resv* avec LABEL = 23 au prochain routeur, LSR 2. LSR 2 assigne l'étiquette 33 à la réservation et achemine le message *Resv* avec LABEL = 33 au prochain routeur sur le chemin, dont le LSR 1. Et ce dernier assigne l'étiquette LABEL = 45 qu'il achemine vers LER1. Le LSP pour cette réservation vient d'être créé entre les LERs 1 et 2. Un paquet du flot associé à cet LSP arrivant au LER 1 est identifié par ses en-têtes de couches IP et transport (FEC). Il est ensuite acheminé vers le LSR 1 avec l'étiquette 45 ajoutée à son en-tête *Shim* [25].

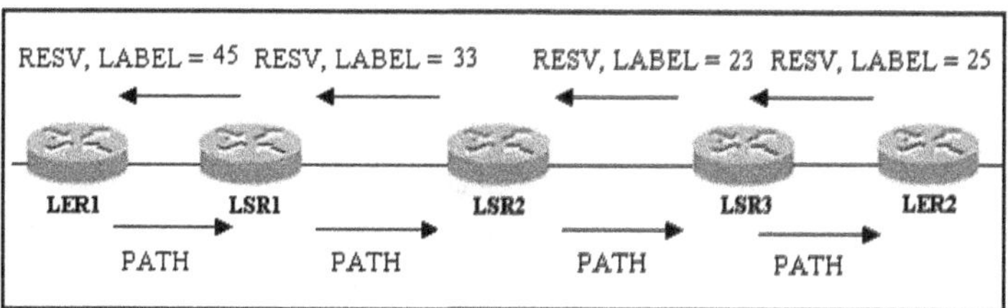

Figure 2.10 Exemple d'établissement de LSP avec RSVP-TE

La spécification de RSVP-TE supporte l'établissement de LSP avec ou sans réservation de ressources. Il est intéressant de réserver les ressources pour des flots en les assignant à des LSPs et ainsi offrir une meilleure QdS. Aussi, les LSPs offrent une grande marge de manœuvre sur le contrôle du trafic. Par exemple, tous les paquets venant d'un même port et allant vers le même réseau destination peuvent être acheminés sur un LSP donné. De cette manière, seul le routeur initial est concerné à l'assignation du paquet au bon flot RSVP. Après cela, le reste ne sera que de l'acheminement de paquets MPLS.

RSVP seul ne peut réserver des ressources que pour des micro-flots individuels ou pour des regroupements très restreints de flots en utilisant les modèles d'acheminement "*shared explicit*" ou "*wildcard filter*" [12,30]. Ces modèles permettent le partage d'une réservation entre un groupe de flots. Un groupe peut être constitué de certains flots spécifiques ou d'un type donné de flots; avec la particularité que l'information utilisée pour faire le regroupement doit provenir du paquet IP. Par contre avec RSVP-TE et MPLS, le LSR d'entrée peut être configuré pour exécuter des mécanismes d'ingénierie de trafic plus sophistiqués, comme l'exemple d'agrégation mentionné ci-dessus, i.e. faire des regroupements de paquets basés sur des informations autres que celles contenues dans le paquet IP, comme le port d'entrée, la politique appliquée sur le paquet, etc.

Dans le but de pouvoir offrir un contrôle plus spécifique sur le flot, d'autres objets RSVP sont introduits. Pour supporter l'établissement de LSPs le long d'un chemin ***explicite***, deux autres extensions sont proposées dans RSVP-TE : les objets *Explicit Route Object* (ERO) et *Record Route Object* (RRO). Un chemin est dit explicite si tous les nœuds qui le constituent sont déterminés à priori. Pour l'ingénierie de trafic, cette particularité est souhaitée pour permettre une utilisation optimale des ressources du réseau. Dans le cas des chemins IP, la route est constituée au fur et à mesure, et constitue en une direction à prendre en un lieu donné et un moment donné. Par contre, le routage explicite définit le chemin complet au début du procédé de routage. L'itinéraire suivi par le message *Path* détermine le chemin du LSP. L'acheminement du message *Path* se fait de la même façon qu'un paquet IP. Ainsi, sans le ERO et le RRO, MPLS ne peut utiliser que des chemins désignés par le protocole IP. En d'autres termes, les objets ERO et RRO servent à diriger le message *Path* le long d'un chemin explicitement défini.

Le ERO est transporté par le message *Path.* Il consiste en une séquence de bonds qui spécifie le chemin explicite que le message *Path* devrait prendre. Comme tous les bonds sur ce chemin risquent de ne pas être connus, le bond dans ce contexte signifie alors une abstraction de nœuds. Donc un bond peut être un routeur, ou un groupe de routeurs appartenant à un AS. Cette information est envoyée sous forme de préfixe d'adresse IPv4, préfixe d'adresse IPv6 ou numéro de AS. À chaque bond est assigné un indicateur désignant le bond comme "*loose*" ou "*strict*". Si le bond est indiqué comme "*strict*", le chemin doit absolument emprunter le ou les nœuds désignés par ce bond. Un bond "*loose*" laisse la liberté au routeur d'origine dans les cas où ce dernier n'aurait pas assez d'information sur la topologie du réseau pour pouvoir former un chemin complet.

Pour les routes explicites, l'objet ERO est souvent utilisé avec le RRO pour le renforçage de route (*route pinning*). Le procédé commence par un LSP créé par un "*loose*" ERO, et un objet RRO qui se complète à mesure que le LSP est créé. Ensuite, le LER source peut utiliser le RRO pour créer un ERO "*strict*" qui sera utilisé pour fixer le chemin du LSP (*route pinning*). Ces objets servent aussi à détecter les boucles sur une route. Aussi, à des fins d'ingénierie de trafic, le RRO peut être utilisé pour créer des LSPs disjoints [21]. Enfin, l'objet ERO est essentiel au routage explicite alors que le RRO ne l'est pas. En ajoutant l'objet RRO, le nœud source peut obtenir de l'information sur la route complète suivi par le message *Path*; information qui peut être utilisée à des fins diverses.

Si un routeur ne reconnait pas l'objet ERO, il renvoie un message d'erreur, *PathErr*, portant le code correspondant à ce problème [2]. Cela cause la fin de l'établissement de chemin et oblige le LSR d'entrée à utiliser un autre ERO ou à faire la réservation sans le ERO. La même procédure est suivie dans le cas où un routeur ne reconnaîtrait pas l'objet RRO.

2.6 LSP inter-AS: les extensions nécessaires au protocole RSVP-TE

Pour établir un LSP dynamiquement, le LER d'entrée doit connaître l'adresse du LER destination. Cette information lui parvient par le protocole de routage intérieur (IGP), par BGP,ou par une configuration manuelle. D'après l'information obtenue de ces protocoles, le LER d'entrée décide d'un chemin "*strict*" ou "*loose*" pour le LSP. Pour établir un chemin "*strict*", le LER doit connaître la topologie complète jusqu'au routeur destination du LSP.

Dans la situation inter-domaine, le LER d'entrée ne possède pas l'adresse du LER destination d'avance, mais connaît plutôt le préfixe de la destination avec le numéro de AS de ce dernier, qu'il aura obtenue par BGP ou manuellement. Donc pour permettre l'établissement de LSPs inter-domaines, les nœuds sur le chemin ne peuvent utiliser que ces informations.

Comme mentionné à la section 2.3.2, extensions au protocole RSVP-TE, le message *Path* est routé à travers les réseaux jusqu'à arriver au LSR ayant une adresse correspondant au préfixe de la destination, ou appartenant au numéro d'AS de la destination. Le routage du message *Path* se fait par l'adresse préfixe, ou par un objet ERO. Les informations sur les topologies de bout-en-bout et l'adresse IP du routeur destination manquent pour permettre un routage explicite du message *Path* et du même fait du LSP. Cette information ne parvient au LER source qu'avec l'arriver du premier message *Resv*, avec l'objet RRO.

Dans le cas intra-domaine, le LER d'entrée crée le LSP avec un ERO "*loose*", et rempli l'objet RRO au fur et à mesure. Une fois le LSP établi, l'objet RRO est utilisé pour former un ERO "*strict*", qui sert à renforcer (*route pinning*) le LSP. De plus, cet RRO permet au LER source de créer un LSP disjoint par les nœuds, et aussi de détecter des boucles.

Dans le cas inter-domaine, la situation est différente, dû aux restrictions pausées par BGP et par le désir de confidentialité des ASs. En effet, BGP ne distribue pas une information détaillée de la topologie de l'Internet, et puis les ASs désirent garder l'information de leur topologie interne confidentielle. Pour cela, le traitement des objets ERO et RRO doit se faire de façon différente dans le cas inter-domaine [21]. Ce changement permet quand même l'utilisation de ces objets pour détecter des boucles, établir des LSPs disjoints, et renforcer le LSP. De plus, elle ne touche que les routeurs aux frontières des ASs (ASBR).

Premièrement, le RRO traité de façon courante viole la contrainte de confidentialité car il transporte l'information sur la topologie interne des ASs. Pour cela, les ASBRs doivent modifier l'information contenue dans le RRO avant de l'envoyer au ASBR du prochain AS [21]. D'après l'extension proposée, le RRO engloberait une information sommaire sur le chemin complet comprenant l'adresse IP du ASBR d'entrée, le numéro de AS correspondant, suivi de l'adresse IP du ASBR de sortie. Ce changement est apporté au ASBR d'entrée qui marque son adresse comme point d'entrée. Au ASBR de sortie, le RRO est analysé de la fin vers le début, et toutes les adresses entre les points de sortie et d'entrée sont soustraites et remplacées par le numéro de AS correspondant. La Figure 2.11 est un exemple de ce procédé.

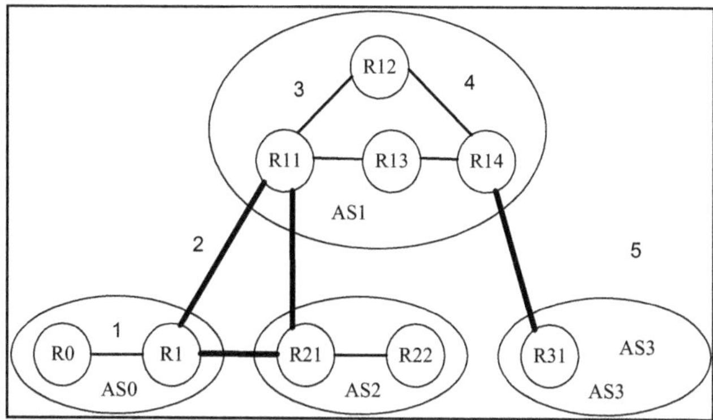

Figure 2.11 Traitement de l'objet RRO

Dans cet exemple, le routeur R0 décide d'établir un LSP vers le AS 3; pour cela il commence par envoyer un message *Path* contenant un RRO. Le Tableau 2.6 montre le contenu du message *Path* le long de son chemin vers AS3.

Tableau 2.6 Message *Path* avec agrégation de RRO dans la Figure 2.11

Point sur la Figure 2.11	*Contenu du message Path*
①	PATH [Dest:AS3 RRO:R0]
②	PATH [Dest:AS3 RRO:AS0, R1]
③	PATH [Dest:AS3 RRO:AS0, R1,R11*]
④	PATH [Dest:AS3 RRO:AS0, R1,R11*,R12]
⑤	PATH [Dest:AS3 RRO:AS0, R1,R11,AS1,R14]

Au point 2, le ASBR de sortie, R1, remplace l'information interne à AS 0 par le numéro de ce dernier. Au point 3, le ASBR d'entrée, R11, est marqué par une étoile pour indiquer au ASBR de sortie jusqu'où l'agrégation doit se faire. Au point 5, le ASBR de sortie R14 remplace toute l'information à partir de R11 par AS 3. Ainsi, le désir de confidentialité des ASs est réalisé dans le cas des ASs désirant garder cette information confidentielle. Ce procédé nécessite la définition d'un nouveau sous-objet RRO, dont le numéro de AS. Il est également nécessaire de changer les sous-objets d'adresses IPv4 et IPv6 pour des préfixes IPv4 et IPv6 [21].

Avec ce procédé, la détection de boucles au niveau inter-domaine est réalisée par le ASBR qui vérifie que son numéro de AS n'apparaît pas plus d'une fois dans le RRO. Pour ce qui est du renforçage de la route, le LER source replace le ERO du prochain message de rafraîchissement de chemin par le RRO enregistré dans son état de chemin *(Path state)*. Une fois que le message de rafraîchissement de chemin arrive à l'entré d'un AS, le ASBR de ce dernier remplace le ERO par le RRO de son AS, et ainsi de suite.

Un routeur RSVP qui ne reconnaît pas un des objets ERO ou RRO des messages *Path* ou *Resv* envoie un *PathErr* avec le code "*Unknown Object Class*".

2.7 Synthèse des problèmes relevés

L'efficacité de l'ingénierie de trafic inter-domaine constitue encore un défi qui reste à relever par la communauté scientifique. Elle est fondamentale à l'obtention d'une QdS soutenue de bout-en-bout. L'Internet "*best effort* ", le réseau de transport de choix des futures infrastructures de télécommunications, devient problématique car il consiste en des milliers de domaines autonomes qui déploient différentes techniques d'ingénierie de trafic, souvent incompatibles entre elles [21]. Ces méthodes optimisent jusqu'à un certain point l'utilisation des ressources internes à chaque domaine, mais généralement ne permettent pas de soutenir la QdS de bout-en-bout. La solution à ce problème réside dans le développement de techniques d'ingénierie de trafic inter-domaine. Des méthodes intéressantes ont déjà été proposées pour obtenir plus de contrôle sur le trafic inter-domaine. Ces techniques requièrent davantage d'expérimentation avant de garantir leur bon fonctionnement avec les méthodes et protocoles déjà existants. En plus, leurs définitions sont souvent incomplètes pour permettre leur implémentation à des fins expérimentales. Intuitivement, pour un bon fonctionnement, elles ne doivent pas interférer avec l'opération des protocoles et techniques déjà en place. Un autre problème des techniques proposées réside dans leur manque d'information concernant la QdS, ce qui les empêche de pouvoir faire de l'ingénierie de trafic de bout-en-bout [11].

Dans des travaux futurs, l'emphase devrait porter sur la signalisation inter-domaine de l'information sur la QdS. Les mécanismes de contrôle inter-domaine de trafic (MPLS) devraient se servir de cette information pour optimiser l'utilisation des liens et garantir une QdS à travers plusieurs domaines.

Comme les méthodes présentées dans ce chapitre, à elles seules, sont incapables de répondre aux diverses exigences en termes de QdS, dans le chapitre qui suit, nous proposerons une architecture qui utilise MPLS à la base. De plus, nous considérons la signalisation reliée à la QdS par l'attribut *QOS_NLRI* de BGP.

CHAPITRE III
SOLUTION PROPOSÉE POUR L'INGÉNIERIE DE TRAFIC INTER-DOMAINE

Le chapitre précédent a démontré les problèmes des réseaux dorsaux actuels pour offrir une QdS soutenue d'un usager à l'autre. Or, souvent, la source et la destination d'un flot de trafic sur Internet résident sur différents ASs. Comme mentionné au chapitre précédent, le trafic traverse en moyenne entre deux à huit domaines autonomes avant d'atteindre sa destination [22]. Le problème d'une QdS soutenue de bout-en-bout se divise donc en deux sous-problèmes : le contrôle du trafic et la signalisation de la QdS, du AS source au AS destination. Parmi les méthodes les plus prometteuses, le déploiement de la technologie MPLS au niveau inter-domaine serait la solution la plus appropriée au premier sous-problème. MPLS représente la technologie de choix parce qu'elle est déjà déployée à l'échelle intra-domaine pour offrir des services de RPV ou pour faire de l'ingénierie de trafic. Donc, son déploiement au niveau inter-domaine serait une extension naturelle de cette technologie. Dans le même ordre d'idée, RSVP-TE est le protocole de choix des fournisseurs d'équipements de réseaux, en ce qui concerne le déploiement des LSPs. Ce mémoire opte pour le déploiement de LSPs inter-domaine à l'aide des extensions déjà proposées à RSVP-TE. Ces propositions étant incomplètes, ce mémoire apporte des ajustements et ajouts à ces extensions. Pour ce qui est du deuxième sous-problème, avec le grand déploiement de BGP sur Internet, des extensions aux attributs de chemin, tel que l'attribut *QoS_NLRI*, constituent un choix avisé pour signaler de l'information concernant la QdS. Finalement, des possibilités d'ingénierie de trafic utilisant MPLS inter-domaine et l'attribut *QoS_NLRI* seront proposées.

3.1 Contrôle du trafic inter-domaine avec MPLS

La revue de littérature du chapitre précédent indiquait que pour obtenir le contrôle du trafic avec la granularité souhaitée par les mécanismes d'ingénierie de trafic inter-domaine, MPLS demeure la meilleure solution. De plus, la manière la plus rationnelle de déployer MPLS au niveau inter-domaine est la méthode utilisant les extensions proposées à RSVP-TE [21]. Par contre, étant donné que l'intérêt initial des auteurs dans [21] est de répondre aux problèmes de failles inter-AS, ces extensions ne répondent pas de façon intégrale au problème de déploiement dynamique de LSPs inter-domaine. Le but de notre travail consiste à utiliser MPLS pour garantir une meilleure QdS, en utilisant le chemin inter-domaine le plus avantageux. Cela nécessite des ajouts et des ajustements aux extensions déjà proposées à RSVP-TE par [21].

3.1.1 Les ajouts nécessaires aux extensions déjà proposées à RSVP-TE

Les extensions proposées à RSVP-TE [21] ne spécifient pas tous les concepts liés à l'implémentation de MPLS inter-domaine. Entre autres, les auteurs ne mentionnent pas comment différencier les LSPs inter-domaine des LSPs intra-domaines au niveau des routeurs. Aussi, ils ne considèrent pas les problèmes d'interopérabilité, i.e. les moyens de traiter le cas des routeurs ne supportant pas MPLS inter-domaine.

Identification des étiquettes inter-domaine

Pour identifier un paquet traversant un LSP inter-domaine, nous proposons que le LER source désigne deux étiquettes à chaque paquet dont la destination finale ne se trouve pas dans le AS immédiat. Une première étiquette d'ordre global est suivie par une autre étiquette locale au AS. Au niveau des LSRs, il est essentiel de distinguer les paquets traversant un LSP inter-domaine des paquets traversant un LSP intra-domaine, pour pouvoir appliquer les mécanismes inter-domaine ou les politiques locales sur les bons paquets. Cette distinction est nécessaire même si un LSP inter-domaine est toujours composé de plusieurs LSPs intra-domaines qui peuvent satisfaire des paquets locaux. Pour faire cette distinction, l'utilisation des étiquettes réservées s'avère la meilleure solution, car elle permet de laisser intacte la portée d'étiquettes ou "*Label Space*" intra-domaine. Dans notre proposition, l'étiquette de niveau 1 indique si ce dernier est de nature intra-domaine ou inter-domaine. Les étiquettes de niveau 2 et plus constituent alors les étiquettes réelles. D'après [24], les étiquettes de valeurs 0 à 15 sont réservées et celles de valeurs 4 à 15 restent non-utilisées présentement. Nous proposons d'utiliser les valeurs 4 et 5 pour distinguer les LSPs inter-domaine des LSPs intra-domaine. Ainsi, comme indiqué à la Figure 3.1, pour les routeurs supportant MPLS au niveau inter-domaine, une étiquette de valeur 4 au niveau un (N1) indiquerait que le paquet traverse un LSP inter-domaine mais qui se situe en ce moment précis sur une section intra-domaine. Aussi, cette étiquette indique que le paquet vient d'un routeur supportant MPLS inter-domaine. Une étiquette de valeur 5 au niveau un (N1) indiquerait un paquet traversant un LSP inter-domaine au niveau des ASBRs. Dans le premier cas, la vraie étiquette serait au niveau deux (N2), suivi d'autres étiquettes intra-domaine s'il existe une pile d'étiquettes. De la même façon, dans le deuxième cas, l'étiquette inter-domaine serait au niveau deux (N2). Un paquet avec une étiquette autre que la valeur 4 ou 5 au niveau un (N1) indiquerait un paquet traversant un LSP intra-domaine. Autrement dit, tous les paquets acheminés sur un LSP inter-domaine transporteront l'étiquette 4 ou 5 au niveau un (N1) de leur pile d'étiquettes.

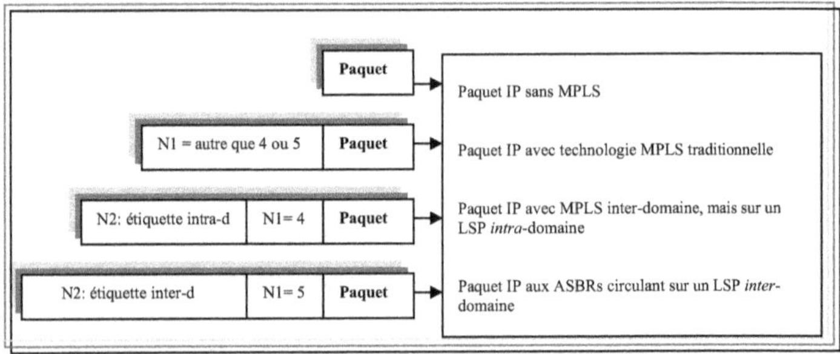

Figure 3.1 Étiquettes intra-domaine et inter-domaine

En séparant ainsi les étiquettes intra-domaine des étiquettes inter-domaine, la même portée d'étiquettes reste disponible pour chaque groupe. L'autre alternative à l'utilisation des étiquettes réservées 4 et 5 aurait été la séparation de la portée d'étiquette entre les groupes intra-domaine et inter-domaine. Cette alternative aurait diminué considérablement la portée d'étiquette et n'aurait pas permis l'identification des paquets provenant de routeurs qui ne supportent pas MPLS inter-domaine.

Parmi les étiquettes réservées, celles de valeurs 0 à 3 sont définies pour n'être valides qu'au niveau un de la pile d'étiquettes [24]. Dans l'implémentation de MPLS inter-domaine, les étiquettes 0 à 3 doivent rester fonctionnelles. Ainsi, les étiquettes 0 et 2, "*IPv4 Explicit NULL Label*" et "*IPv6 Explicit NULL Label*" respectivement, qui ne sont valides qu'au niveau un de la pile, deviendront valides au niveau deux dans les paquets acheminés sur un LSP inter-domaine. Les étiquettes 1 et 3, "*Router Alert Label*" et "*Implicit NULL Label*" respectivement, doivent normalement être précédées d'une autre étiquette. Dans le cas des paquets traversant un LSP inter-domaine, elles seront valides au niveau trois ou plus de la pile d'étiquettes. Autrement dit, les LSRs supportant MPLS inter-domaine savent que l'étiquette de niveau un n'est qu'un indicateur de la portée et qu'une étiquette qui se trouve normalement au niveau un, se trouve à cet instant au niveau deux, et ainsi de suite.

Interopérabilité avec les routeurs qui ne supportent pas MPLS inter-domaine

Un routeur qui ne supporte pas MPLS inter-domaine devrait être identifié au moment de l'établissement du LSP. Cela peut s'effectuer par l'envoi d'un message d'erreur au niveau de RSVP-TE avec le code d'erreur correspondant, comme expliqué dans [2]. Ainsi, le routeur qui ne reconnaît pas les objets ERO, RRO, Label_Request, etc. ou l'un de leurs sous-objets, répond par des erreurs du chemin "*PathErr : Unknown Object Class*" ou des erreurs de réservation "*ResvErr : Unknown Object Class*".

En cas d'erreur, le ASBR d'entrée est notifié et doit choisir un autre chemin pour éviter le LSR où le problème est survenu. Si l'erreur survient dans un AS autre que le AS d'origine du LSP inter-domaine, le ASBR d'entrée où l'erreur est survenue doit procéder à l'acheminement de la demande d'établissement à un autre routeur dans son propre AS ou à l'envoi d'un message d'erreur au ASBR qui lui a envoyé la demande d'établissement du LSP. Ce dernier s'occupe d'acheminer le message d'erreur au LER source du LSP.

Dans le cadre de ce mémoire, tous les routeurs à l'intérieur d'un AS sont considérés comme homogènes en ce qui concerne le support ou le non-support de MPLS inter-domaine. Donc, quand une erreur survient, le ASBR d'entrée l'achemine vers le ASBR qui lui a envoyé la requête. Si ce dernier ne peut établir le LSP par un autre AS, à son tour il achemine l'erreur au ASBR qui lui a envoyé la requête. L'erreur peut ainsi se propager jusqu'au LER source du LSP inter-domaine qui procédera probablement au re-routage du LSP.

La Figure 3.2 montre un LSP inter-domaine reliant le AS1 au AS3. Pour l'explication du cas général, supposons que seulement le LSR R22 ne supportent pas MPLS inter-domaine. Il achemine une erreur à R21 qui est le ASBR d'entrée du AS où l'erreur est survenue. R21 peut essayer de re-router le LSP par R23, ou tout simplement d'envoyer le message d'erreur au ASBR de sortie d'où il a reçu la demande de LSP, donc le ASBR R14 dans cet exemple.

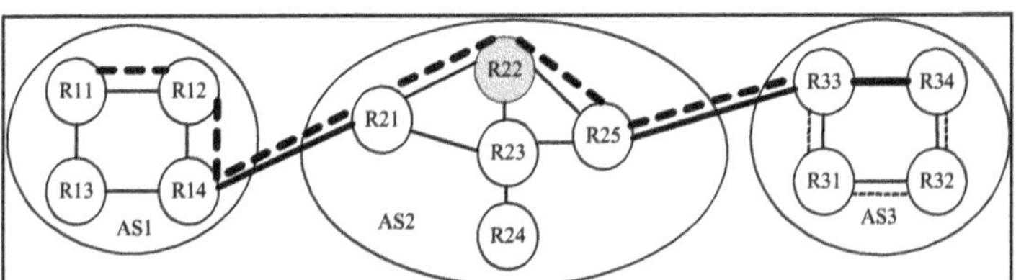

Figure 3.2 Exemple de LSP inter-domaine

Dans le cadre de ce mémoire, assumons que le AS2 ne supporte pas MPLS inter-domaine. Ici, dès que R21 reçoit la demande de LSP inter-domaine par R14, il renvoie un message d'erreur qui sera acheminé jusqu'à la source du LSP, R11. R11 peut décider de re-router le LSP par un autre AS ou d'abandonner le procédé. Les Figures 3.3 à 3.5 montrent des exemples plus détaillés d'établissements du LSP de la Figure 3.2, avec et sans erreur. Le LSP de la Figure 3.2 correspond à un LSP inter-domaine reliant AS1 à AS3, qui est annoncé avec le préfixe 162.132.5.0/24. Ce LSP est établi avec un *numéro de AS + adresse préfixe*. Donc, nous pouvons assumer qu'il se termine au R33 (premier routeur correspondant au numéro de AS destination). L'établissement du LSP intra-domaine de R33 à R34 est laissé à la discrétion de AS3. Si le LSP n'est établi qu'avec une *adresse préfixe*, le LSP inter-domaine aurait pu se terminer au R34, suivant le préfixe utilisé.

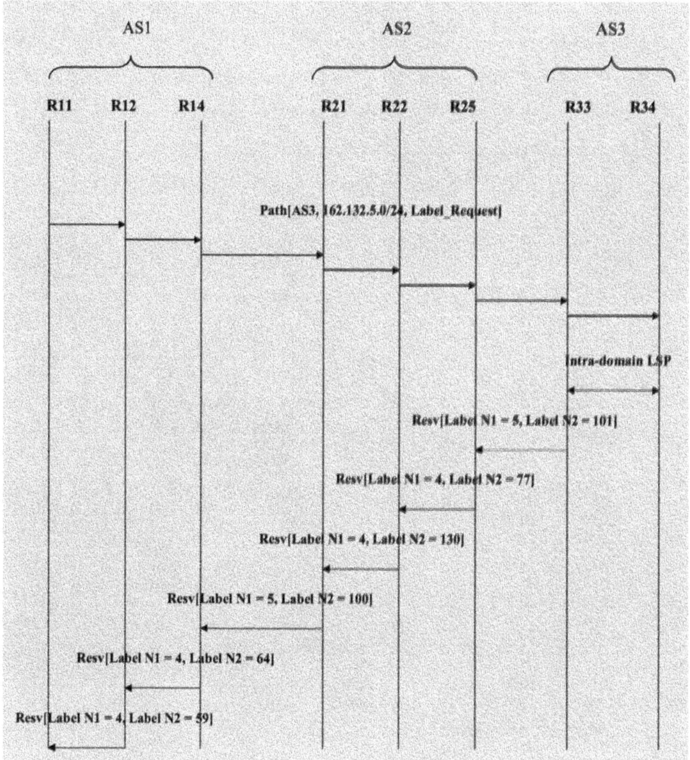

Figure 3.3 Établissement de LSP inter-domaine (sans erreur)

La Figure 3.3 montre l'établissement sans erreur du LSP de la Figure 3.2. Le message *Path* porte l'objet LABEL_REQUEST et est routé avec le numéro de AS et le préfixe du routeur destination. R33, le ASBR d'entrée du AS destination, répond par un message *Resv* transportant les objets LABEL de niveaux un et deux. L'étiquette de niveau un sert seulement à distinguer les étiquettes inter-domaine des étiquettes intra-domaine, comme mentionné plus tôt.

La Figure 3.4 est un exemple d'erreur survenue lors de l'établissement du LSP de la Figure 3.2. Dans ce cas, le AS3 ne supporte pas les LSPs inter-domaine. Ainsi, dès que R33, le ASBR d'entrée du AS3, reçoit le message *Path* avec l'objet Label_Request, il répond par un message "*PathErr : Unknown Object Class*". Cette erreur est propagée jusqu'au LER source du LSP inter-domaine, qui peut décider de re-router le LSP si le AS responsable de l'erreur est un AS intermédiaire. Dans cet exemple, le AS3 est aussi le AS destination. Donc, dans ce cas, le LER source peut décider d'établir le LSP inter-domaine jusqu'au AS2 seulement.

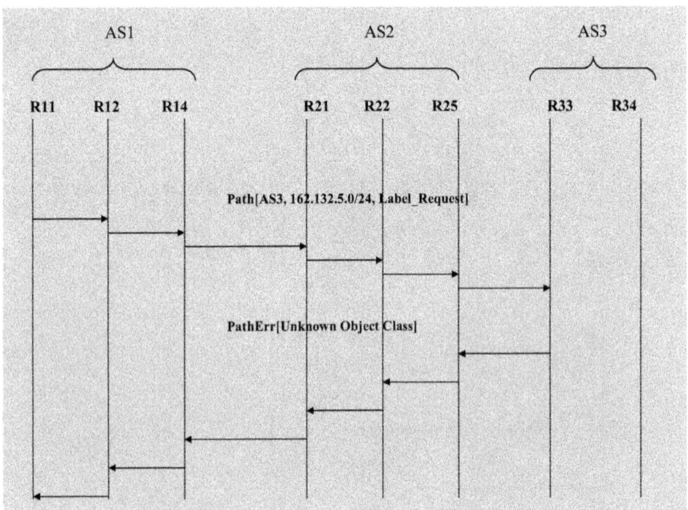

Figure 3.4 Établissement de LSP inter-domaine avec erreur (1)

La Figure 3.5 montre un autre exemple d'erreur survenue lors de l'établissement du LSP inter-domaine. Supposons que le message *Path* est envoyé avec une adresse préfixe sur un chemin autre que celui que le LSP devra explicitement prendre. Nous assumons que R33 connaît la route que devrait prendre le LSP inter-domaine par une configuration manuelle. Donc, le message *Path* passe par le chemin R11→R13→R14 ⇒ R21→R23→R25 ⇒ R33 défini par le protocole IP, alors que R33 est manuellement configuré pour établir le LSP suivant le chemin explicite R11→R12→R14 ⇒ R21→R22→R25 ⇒ R33. Dans un cas général, supposons qu'une erreur de configuration manuelle ait été commise et que R22 ne supporte pas MPLS inter-domaine. La Figure 3.5 montre ce qui arrive dans le cas d'une telle erreur. R22 répond à R25 par un message "*ResvErr : Unknown Object Class*". R25 achemine cette erreur vers R33, qui décide soit de re-router le LSP, soit d'envoyer un message d'erreur *PathErr* à la source du LER, R11.

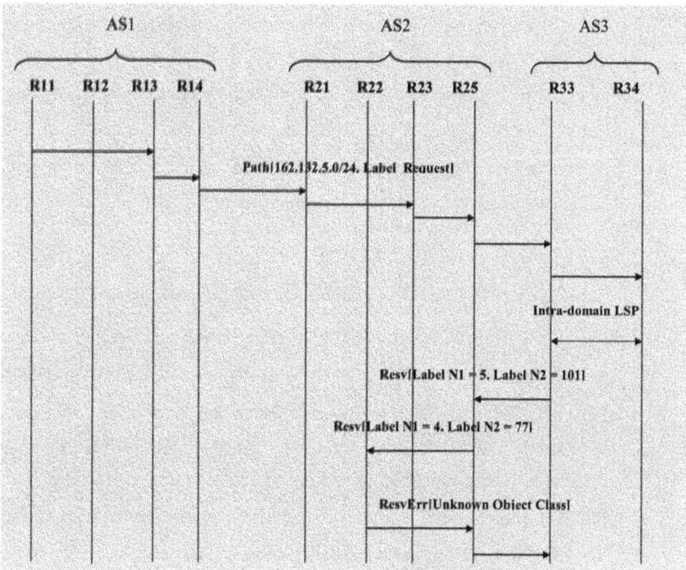

Figure 3.5 Établissement de LSP inter-domaine avec erreur(2)

Ces exemples démontrent comment opérer en présence de routeurs qui ne supportent pas MPLS inter-domaine. La signalisation de l'erreur se fait par les messages *PathErr* ou *ResvErr*. Les procédés suivis lors d'une erreur peuvent varier avec les exemples mentionnés précédemment. La responsabilité du re-routage peut être laissée au AS où l'erreur est survenue. Dans le cadre de ce travail, nous proposons d'en laisser la responsabilité au LER source du LSP inter-domaine. Cela signifie que tout message d'erreur doit parvenir au LER source. Dans le cas des messages *PathErr,* cela se fait automatiquement. Pour les messages *ResvErr*, le routeur source du message *Resv* qui a causé l'erreur *ResvErr* doit avertir le LER source du *LSP*. Cela peut être accompli par l'envoi d'un message *PathErr* vers le LER source.

3.1.2 Particularités de MPLS inter-domaine avec les ajouts proposés

Pour une explication plus intégrale de MPLS inter-domaine proposé dans ce mémoire, les prochaines sous-sections décrivent la relation entre les LSPs intra-domaine et les LSPs inter-domaine, expliquent les états sauvegardés dans les ASBRs, et énoncent les changements généraux à apporter aux modules MPLS de chaque nœud. En bref, ces sous-sections définissent plus en détail le fonctionnement de MPLS inter-domaine, suite aux ajustements proposés dans la section précédente.

Dépendance des LSPs inter-domaine aux LSPs intra-domaine

Un LSP inter-domaine est composé de plusieurs sections. Des LSPs intra-domaine et des liens inter-domaine constituent le LSP inter-domaine de bout-en-bout. La Figure 3.2 montrait le LSP inter-domaine reliant R11 à R34. Ce LSP est composé des LSPs intra-domaine R11-R14, R21-R25 et R33-R34. La connexion entre ces LSPs intra-domaine se fait par les liens inter-domaine R14-R21 et R25-R33. Un paquet transféré le long de ce LSP inter-domaine porte les étiquettes du LSP inter-domaine au niveau des ASBRs et les étiquettes des LSPs intra-domaine en traversant l'intérieur des ASs.

La Figure 3.6 montre les étiquettes attachées à un paquet traversant le LSP inter-domaine de la Figure 3.2. Avant d'arriver au LER R11, le paquet ne porte aucune étiquette. R11 négocie le LSP inter-domaine de bout-en-bout, comme démontré à la Figure 3.3, et assigne l'étiquette intra-domaine 59 au paquet. R12 achemine le paquet en lui assignant l'étiquette 64. Pour les acheminements sur la partie intra-domaine du LSP, l'étiquette de niveau un (N1) porte la valeur 4 comme convenu pour indiquer qu'il s'agit d'un paquet traversant la partie intra-domaine d'un LSP inter-domaine. Au ASBR de sortie du AS1, R14, le paquet est acheminé avec l'étiquette 5 au niveau un (N1) et l'étiquette inter-domaine de valeur 100 au niveau deux (N2). Ainsi, R21 peut identifier à quel LSP inter-domaine appartient le paquet et l'acheminer correctement.

Pour transférer le paquet sur son LSP intra-domaine, R21 change la valeur de l'étiquette au niveau un (N1) pour la valeur 4, et assigne l'étiquette intra-domaine de valeur 130 au paquet qu'il achemine vers R22. R22 achemine le paquet vers R25 avec l'étiquette intra-domaine de valeur 77. R25, tout comme R14, change la valeur de l'étiquette de niveau un (N1) par 5 pour désigner que l'étiquette 101 qui se trouve au niveau deux (N2) appartient à un LSP inter-domaine.

R33 reçoit le paquet et lui assigne l'étiquette intra-domaine de valeur 43 puis l'achemine vers R31 qui lui assigne l'étiquette de valeur 57. Comme dans l'exemple de la Figure 3.2, le LSP dans AS3 ne fait pas partie du LSP inter-domaine, le paquet traverse un simple LSP intra-domaine dans ce réseau. R31 achemine le paquet vers R32 qui lui assigne l'étiquette 96 et l'envoie à R34. Ce dernier termine l'acheminement sur le LSP en effectuant une opération POP sur toutes les étiquettes.

Notons ici que le LSP du AS3 aurait pu faire partie du LSP inter-domaine. Dans ce cas, le paquet aurait porté l'étiquette de valeur 4 au niveau un (N1) et les étiquettes mentionnées ci-dessus au niveau deux (N2). Pour les raisons de cohérence avec les exemples précédents, nous avons opté pour l'exclusion du LSP de AS3 dans le LSP inter-domaine.

Aussi, notons qu'au niveau de chaque ASBR, l'étiquette inter-domaine n'utilise pas la même portée d'étiquettes que les étiquettes intra-domaine, laissant ainsi inchangé le fonctionnement conventionnel de MPLS.

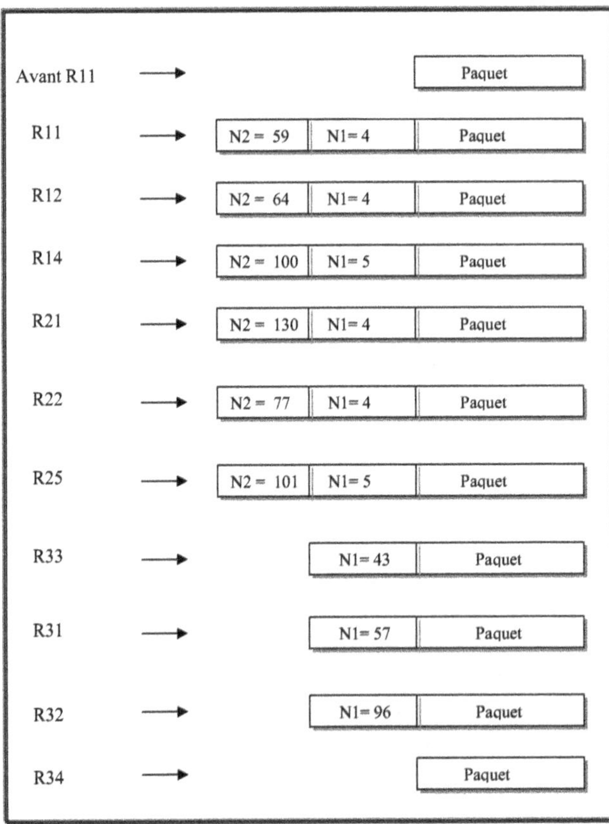

Figure 3.6 Étiquettes correspondant au LSP de la Figure 3.2

L'établissement de LSP inter-domaine

Dans le cadre de ce mémoire, le procédé de distribution d'étiquettes de LSP inter-domaine est défini par le "*Downstream-on-demand*" [25]. Cette technique indique que la demande d'étiquette est placée bond par bond, de la destination vers la source. Après avoir reçu la demande initiale de LSP inter-domaine par l'objet

LABEL_REQUEST du message *Path*, le nœud destination associe une étiquette au FEC correspondant à cet LSP et l'envoie au nœud précédent dans un objet LABEL d'un message *Resv*. L'assignation, l'association au FEC (*binding*) et la distribution des étiquettes se font ainsi du nœud destination au nœud source.

Notre but en utilisant les LSPs inter-domaine est de faire de l'ingénierie de trafic. Donc, les LSPs inter-domaine devront réserver des ressources (bande passante) le long du chemin du message *Path*. Or, si les ressources nécessaires ne sont pas physiquement disponibles à un certain endroit sur le chemin du LSP, il s'avère inutile de préempter à d'autres endroits des réservations de priorités inférieures, pour ensuite voir plus loin que les ressources nécessaires ne sont pas physiquement disponibles. Parallèlement à la solution proposée dans [2] pour éviter la préemption inutile des réservations ultérieures de priorités inférieures, nous proposons l'utilisation des objets SESSION_ATTRIBUTE, SENTER_TSPEC et POLICY_DATA dans le premier message *Path* envoyé pour détecter un manque possible de ressources. Une fois cela détecté, le message *Path* sera arrêté et un message d'erreur sera envoyé au nœud source du message *Path*. Le message *PathErr* devrait porter le code de l'erreur "*Traffic Control Error*", défini dans [8].

Les états sauvegardés dans les ASBRs

Lors de l'établissement des LSPs inter-domaine, un lien est établi entre les étiquettes intra-domaine et inter-domaine. Cette affectation doit être sauvegardée au niveau des ASBRs, comme expliqué ci-dessous.

Comme avec RSVP-TE, chaque LSR le long du LSP intra-domaine ou inter-domaine sauvegardera l'état du chemin (*Path state*), de la même manière qu'avec RSVP-TE [2,8] pour les LSPs intra-domaine. De plus, pour permettre le fonctionnement de MPLS inter-domaine spécifiquement, l'état de la connexion inter-domaine doit être sauvegardé au niveau des ASBRs traversés par le LSP. L'état de la connexion consiste en l'état RSVP en plus de toutes les autres données sauvegardées dans les nœuds et utilisées lors de l'acheminement des paquets sur des LSPs inter-domaine. Ainsi, les tables d'acheminement MPLS (NHLFE, ILM, et FEC-to-NHLFE) [25] reflètent les états des LSPs inter-domaine.

Comme premier exemple, supposons un ASBR acheminant un paquet qui provient d'un LSP inter-domaine et qui doit passer par l'un des LSPs intra-domaine du AS auquel appartient ce ASBR. Dans ce cas, comme montré au Tableau 3.1, le NHLFE est consulté une première fois pour lire une commande d'opération POP sur la pile d'étiquette, avec l'adresse du prochain nœud égale à l'adresse du ASBR lui-même. Lors d'une deuxième consultation, l'opération spécifiée consiste en un remplacement d'étiquette, suivi de l'opération PUSH, ce qui permet d'échanger l'étiquette de niveau un par l'étiquette 4 et d'insérer l'étiquette intra-domaine au niveau deux.

Tableau 3.1 Premier exemple d'opération sur la pile d'étiquettes

	OPÉRATION	***ADDRESSE "Next Hop"***
Première requête au NHLFE :	❑ POP l'étiquette inter-domaine	❑ Le ASBR lui-même
Deuxième requête au NHLFE :	❑ REMPLACE l'étiquette de niveau un par 4 ❑ PUSH l'étiquette intra-domaine correspondante au LSP	❑ Le prochain nœud (LSR) sur le LSP constituant la partie intra-domaine du LSP inter-domaine

Comme deuxième exemple, supposons un ASBR acheminant un paquet qui provient d'un LSP intra-domaine et qui traverse un LSP inter-domaine. Le ASBR doit l'acheminer au ASBR du AS voisin en l'identifiant au LSP inter-domaine. Dans ce cas, montré au Tableau 3.2, le NHLFE est consulté une première fois pour lire une commande d'opération POP sur la pile d'étiquette, avec l'adresse du prochain nœud égale à l'adresse du ASBR lui-même. Lors d'une deuxième consultation, l'opération spécifiée consiste en un remplacement d'étiquette, suivi de l'opération PUSH, ce qui permet de remplacer la valeur 4 de l'étiquette de niveau un par la valeur 5 et d'insérer l'étiquette inter-domaine au niveau deux.

Tableau 3.2 Deuxième exemple d'opération sur la pile d'étiquettes

	OPÉRATION	*ADDRESSE "Next Hop"*
Première requête au NHLFE :	❑ POP l'étiquette intra-domaine	❑ Le ASBR lui-même
Deuxième requête au NHLFE :	❑ REMPLACE l'étiquette de niveau un par 5 ❑ PUSH l'étiquette inter-domaine correspondante au LSP inter-domaine	❑ Le prochain ASBR, d'un AS voisin, qui se trouve sur le chemin du LSP inter-domaine

Changements à apporter au module MPLS de chaque nœud

D'après les explications ci-dessus, pour supporter MPLS inter-domaine, certains ajustements s'imposent aux LSRs. Les extensions proposées à RSVP-TE [21], comme mentionné au chapitre précédent, nécessitent des modifications seulement aux nœuds ASBRSs. Les ajustements que nous apportons ne nécessitent un changement qu'au niveau des tables NHLFE des ASBRs supportant MPLS inter-domaine. Notons que dans chaque AS, les routeurs intermédiaires autres que les deux ASBRs d'entrée et de sortie du LSP, n'ont pas à traiter l'étiquette de niveau un qui indique si le paquet traverse un LSP intra-domaine uniquement, ou s'il fait son chemin sur un LSP inter-domaine. Par contre, cette information accompagne le paquet. Dans des travaux futurs, il serait intéressant d'initier, au niveau des LSRs intermédiaires, des mécanismes de CAC utilisant cette information.

De plus, au niveau des ASBRs, outre le support de MPLS inter-domaine par les routeurs, une certaine coopération est nécessaire entre les ASs voisins. Nous assumons que parmi les 2 à 8 ASs traversés par le LSP inter-domaine, certains résident sous une administration unique. Pour les autres, nous assumons que les ASs voisins ont négocié une entente et que la communication et l'acceptation des étiquettes inter-domaine entre des ASBRs appartenant à différents ASs est possible. Donc, ce mémoire ne traite pas des politiques et SLAs qui existent entre les ASs.

3.2 Solution proposée pour la signalisation inter-domaine

Une fois la question sur le contrôle du trafic inter-domaine réglée, une procédure de routage optimal inter-domaine utilisant MPLS s'impose pour faire de l'ingénierie de trafic. Intuitivement, l'utilisation de MPLS de bout-en-bout, par la réservation de largeur de bande, offrirait une meilleure performance que le routage IP "*best effort*". Toutefois, une connaissance à priori de tous les chemins possibles vers la destination et de leurs états permettrait de choisir la route optimale pour établir le LSP. L'optimalité d'une route, telle que mentionnée ici, est relatif aux critères considérés lors des calculs de chemins, comme il sera démontré dans des sections subséquentes. Bien sûr, le degré d'optimalité de la route dépendra aussi de la disponibilité et de l'exactitude de l'information reçue sur les différentes routes.

3.2.1 Les états pertinents des chemins inter-domaine

L'état d'un chemin désigne une information pertinente qui le décrit et qui le distingue de ses pairs. Cette information sert de métrique aux algorithmes d'optimisation du chemin inter-domaine, tel qu'il sera présenté dans les sections subséquentes. L'état des chemins inter-domaine peut consister en leur charge ou niveau d'utilisation, la largeur de bande disponible, les délais moyen et maximum des liens ou toute autre information pertinente à la QdS fournie par le chemin. Le Tableau 3.3 décrit les informations éventuelles qui peuvent être transmises sur l'état d'un chemin inter-domaine. Cela dit, pour pouvoir calculer un meilleur chemin que celui offert par le protocole de routage BGP, une collecte d'informations sur l'état des liens inter-domaine s'avère indispensable.

Tableau 3.3 États de chemins inter-domaine

Information concernant l'état du chemin	*Utilisations Possibles*	*Métriques*	*Valeurs (exemple)*
Délai (aller seulement) moyenne	Utilisé pour choisir le chemin le plus rapide	secondes	230 ms
Délai (aller seulement) maximum	Utilisé pour choisir le chemin qui convient à du trafic nécessitant une borne sur le délai	secondes	400 ms
Gigue ou variation de délai	Utilisé pour choisir le chemin qui convient à du trafic ayant une contrainte sur la gigue	secondes	35 ms
Largeur de bande maximum	Sert à voir s'il est possible de prendre un chemin en mesure de la largeur de bande nécessaire (utilisé avec *Niveau d'utilisation*)	bits par secondes	55Mbps
Niveau d'utilisation	Sert à voir s'il est possible de prendre un chemin en mesure de la largeur de bande nécessaire (utilisé avec *Largeur de bande disponible*)	Pourcentage	70%
Largeur de bande disponible	Sert à voir s'il est possible de prendre un chemin en mesure de la largeur de bande nécessaire	bits par secondes	32Mbps
Charge moyenne sur le chemin	Sert à prendre le chemin le moins contingenté (partage équitable du trafic sur tous les chemins)	bits par secondes	44Mbps
Taux de perte de paquets	Indique les chemins congestionnés qu'il faut éviter	Pourcentage	10%
Niveau de résilience du chemin	Indique si le chemin est protégé, en partie, contre des pannes.	Pourcentage	50%
Identificateur PHB	Identifie les PHBs supportés par le chemin	PHB	EF

3.2.2 La mesure et collecte de l'information sur les états des chemins

La collecte d'information nécessite une surveillance du réseau (*network monitoring*) qui peut se faire de façon passive, par un équipement de mesure placé à l'extérieur du routeur, ou de façon active, par un mécanisme implémenté à l'intérieur du routeur. À cause des limitations physiques, la méthode passive a été proposée [4] avec des équipements de mesures placés sur les liens. Par contre, des informations sur la taille des files d'attente dans les routeurs et les chemins pris par les paquets ne peuvent être obtenues que de l'intérieur du routeur. Pour des mesures globales, i.e. par flots, il est proposé d'utiliser le protocole SNMP [9]. Cependant, SNMP limite l'échelle du temps à l'ordre de minutes. Cela l'empêche d'obtenir des mesures directes du trafic, telle que la gigue par exemple. Pour des mesures plus précises, i.e. par paquets, la vitesse grandissante des liens limite le nombre d'opérations possibles sur les paquets. En effet, plus les paquets arrivent à haute vitesse, moins cela laisse de temps de mesure à l'équipement pour traiter chaque paquet. Les mécanismes de mesures de trafic font l'objet d'autres travaux de recherche [4,9]. Cela dit, notre travail ne traite pas de ce problème, et assume que des mécanismes de mesures et de signalisation sont disponibles à l'intérieur des ASs et sur les liens inter-domaines reliant les ASs. Donc, nous assumons que les ASBRs possèdent en tout temps les informations sur les états des chemins que nécessitent leurs algorithmes d'optimisation.

3.2.3 Propagation des états de chemins par l'attribut QoS_NLRI de BGP

Le protocole de routage BGP est actuellement le seul moyen de communication au niveau inter-domaine. Toute signalisation additionnelle serait facilement ajoutée à ce protocole déjà existant. Cela éviterait qu'un nouveau protocole de signalisation ne soit défini qu'à cette fin. De plus, un nouveau protocole risquerait probablement de ne jamais être accepté comme norme par les communautés de standardisation. Pour annoncer l'état des liens inter-domaine, la méthode proposée ne devrait pas engendrer de nouvelle signalisation pour éviter de déstabiliser ou de saturer le réseau Internet. Utiliser BGP à cette fin s'avère un choix évident qui permet d'éviter l'introduction d'un nouveau protocole de signalisation et la surcharge du réseau avec d'autres messages que ceux existant déjà dans BGP. Le chapitre précédent présentait une proposition intéressante à ce sujet, en attente de standardisation à l'IETF. L'attribut QOS_NLRI, comme présenté au chapitre précédent, s'avère le choix idéal pour attacher aux messages UPDATE de l'information concernant la QdS offerte par la route annoncée.

Comme mentionné au chapitre précédent, dans la description actuelle de cet attribut, seulement le délai, la gigue, le débit et le PHB sont proposés comme information de QdS. Nous proposons d'étendre ces types d'informations à celles présentées au Tableau 3.3. Cela permettrait une plus grande marge de manœuvre aux algorithmes d'ingénierie de trafic qui utiliseront ces informations.

De plus, les auteurs [11] ne tiennent pas compte du problème de perte de précision sur l'information de QdS causée par l'agrégation de routes avec BGP. Ci-après, nous essayons de traiter de ce problème symptomatique.

3.2.4 L'agrégation des chemins et de leurs états correspondants

Un problème inévitable lors de la transmission de l'information sur les chemins inter-domaine survient lorsque deux ou plusieurs routes sont agrégées avant d'être annoncées par BGP. Dans ce cas, les informations sur les routes doivent aussi être agrégées. Logiquement, l'information la moins prometteuse en terme de QdS sera transmise lors de cette agrégation. La Figure 3.7 montre un exemple très simple de ce problème. Dans cet exemple, AS2 annonce à AS1 les chemins vers les réseaux 198.138.168.160/27 et 198.138.168.192/27. Disons que AS2 décide d'envoyer l'information détaillée de la QdS des liens vers les deux réseaux, respectivement 20 ms et 5 ms de délai minimum. AS1 doit annoncer ces chemins à ses pairs BGP, dont le AS3. R13 du AS1 peut décider d'envoyer l'information spécifique qu'il a reçue sur chacun des réseaux ou de faire une agrégation de chemins et annoncer seulement le réseau 198.138.168.0/24. En cas d'agrégation, le délai minimum annoncé sera augmenté à 25 ms au lieu de 10 ms pour le réseau 198.138.168.192/27 et restera 25 ms pour le réseau 198.138.168.160/27. Clairement, le besoin d'agrégation de routes dans BGP, processus essentiel pour assurer son évolutivité et sa stabilité, va à l'encontre du besoin d'information précise de QdS sur chaque chemin, indispensable à l'ingénierie de trafic. Un compromis est donc nécessaire pour permettre d'envoyer le minimum d'informations de QdS exigés par les algorithmes d'ingénierie de trafic inter-domaine.

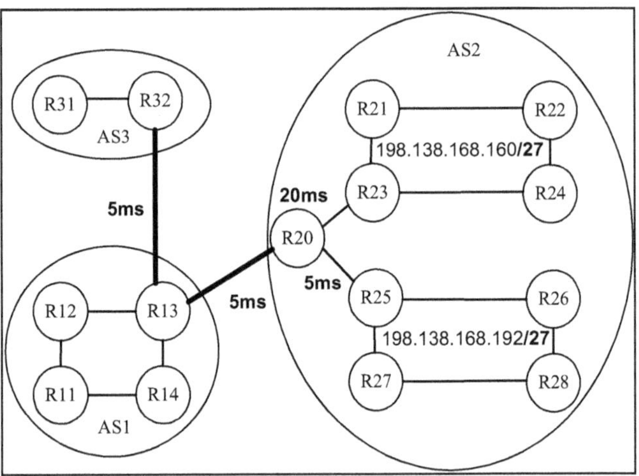

Figure 3.7 Exemple d'agrégation de chemins

La solution à ce problème complexe ne constitue pas le sujet de ce mémoire. La tâche de trouver cette solution est laissée aux auteurs de l'attribut QoS_NLRI qui améliorent leur proposition continuellement [11].

Tout d'abord, la règle d'usage (*rule of thumb*) dans l'Internet actuel est d'agréger les préfixes pour un maximum de /24. Les préfixes de /25 et plus risquent d'être filtrés. D'un autre côté, certains AS vont agréger les préfixes en-dessous de /24, ce qui enlève encore plus de précision aux informations de QdS. La Figure 3.8 provient des résultats collectés dans les tables BGP du AS 1221 appartenant au ASN-TELSTRAL [17]. Cette figure montre une tendance de longueur de préfixe qui se situe à /24 majoritairement (à 45%) pour les ASs d'accès et de transit. Pour les ASs d'accès, approximativement 35% agrègent en-dessous de /24 et le reste (20%) agrège au-dessus de /24. Pour les ASs de transit, 45% des préfixes sont à /24 et 55% des préfixes sont agrégés en dessous de /24. Tous les préfixes au-dessus de /24 ont été filtrés, car leur pourcentage monte à 0%. Comme la grande majorité des préfixes est de longueur /24, nous assumons dans ce mémoire que tous les préfixes de routes annoncées sont agrégés à /24. Nous proposons donc aux ASs participant au déploiement de LSP inter-domaine de ne pas agréger leurs routes en bas de /24. Sans cela, l'information de la QdS sera trop générale et ne servira pas lors du choix de chemins. Mais, pour les ASs qui décident d'agréger les routes encore davantage, nous suggérons d'utiliser des algorithmes mathématiques pour calculer une agrégation à l'information de QdS qui préserverait leur pertinence dépendamment de leur type. Par exemple, pour une information de QdS de largeur de bande disponible, suivant la popularité des liens agrégés, un poids serait donné à chacun. L'information agrégée sera constituée d'une moyenne pondérée des valeurs actuelles de largeur de bande.

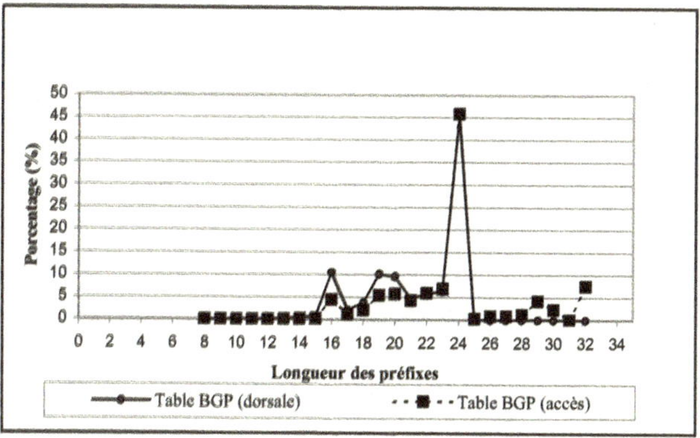

Figure 3.8 Longueur des préfixes dans les tables BGP

3.3 Ingénierie de trafic inter-domaine

Dans ce travail, nous assumons que chaque AS traversé supporte la technologie MPLS au niveau intra-domaine et inter-domaine. Il est prévu que chaque AS dispose de mécanismes d'ingénierie de trafic et d'optimisation des LSPs intra-domaine, utilisant OSPF-TE, ISIS-TE, RSVP-TE, etc. À cette fin, l'IETF propose l'utilisation de PCE (*Path Computation Element*) [31] dans le déploiement de LSPs inter-domaine. Le PCE y est défini comme étant un LSR, autre que le LSR source du LSP inter-domaine, mais qui prend la décision du chemin ou de la partie du chemin optimal que le LSP devrait prendre. Dans ce mémoire, les ASBRs d'entrée de chaque AS constituent des PCEs. Le LSR source du LSP inter-domaine demande au ASBR d'entrée du prochain AS d'établir un LSP inter-domaine, ce dernier en fait la demande au ASBR d'entrée du prochain AS. Chaque ASBR d'entrée traversé trouve le chemin pour un LSP optimal dans son AS, et itérativement le LSP inter-domaine s'établit. Notre contribution consiste à choisir la séquence de ASs traversés par le LSP qui offrirait la meilleure QdS. Notre proposition permet de créer des LSPs qui éviteront autant que possible les chemins ou les ASs qui offrent une QdS insatisfaisante.

Dans le cadre de ce mémoire, ce procédé est défini par une analyse de l'information reçue par l'attribut QoS_NLRI avant d'établir le LSP. Les informations de cet attribut sur les différentes routes inter-domaines peuvent servir à créer des LSPs de différents niveaux de QdS. La Figure 3.9 peut être utilisée à titre d'exemple.

Dans ce scénario, R11 veut établir un LSP inter-domaine vers le AS 6 pour supporter du trafic en temps réel nécessitant un délai minimum. BGP a distribué quatre chemins différents qui mènent au AS 6. Chacun de ces chemins est annoncé avec un attribut *QoS_NLRI* portant de l'information sur le délai de ces routes. Le Tableau 3.4 indique les informations de QdS attribuées à chaque chemin que BGP a distribué. Avec cette information, le routeur R11 peut décider d'emprunter le chemin avec le plus petit délai lors de l'établissement de son LSP vers AS 6, dont le chemin 3 dans cet exemple-ci. Comme expliqué dans le chapitre précédent, suivre ainsi un chemin explicite est possible en utilisant un objet ERO lors du routage du message *Path*.

Dans le cas où aucun des chemins disponibles ne pourrait satisfaire le trafic avec la QdS désirée, un mécanisme de contrôle d'admission devrait en être avisé par le routeur R11. Il revient aux politiques et mécanismes de contrôle d'admission de refuser le trafic ou de l'acheminer avec une QdS inférieure, utilisant MPLS inter-domaine, intra-domaine ou le routage traditionnel.

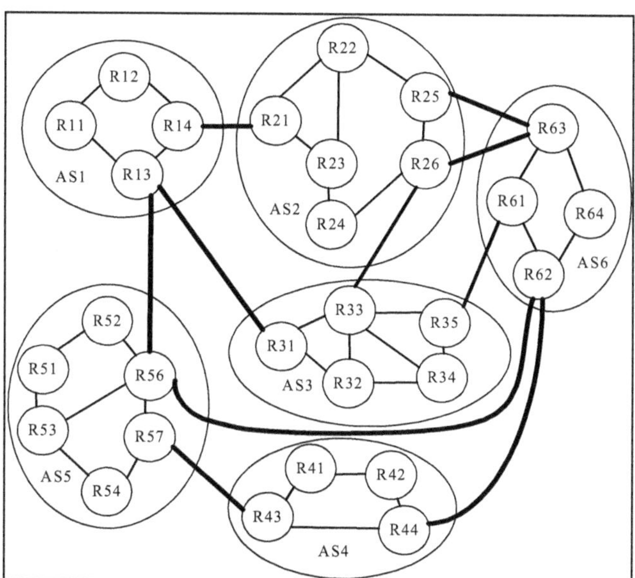

Figure 3.9 Scénario d'ingénierie de trafic inter-domaine

Tableau 3.4 Chemins inter-domaine de AS 1 vers AS 6, de la Figure 3.9

Chemins de AS 1 vers AS 6		*QoS_NLRI : délai (ms)*
Chemin 1	**AS 1 → AS 2 → AS 6**	*353*
Chemin 2	**AS 1 → AS 3 → AS 6**	*345*
Chemin 3	**AS 1 → AS 5 → AS 6**	*285*
Chemin 4	**AS 1 → AS 5 → AS 4 → AS 6**	*460*

3.3.1 Estimation du temps d'établissement

Pour déterminer si notre algorithme d'ingénierie de trafic inter-domaine doit opter pour le *pré-établissement* ou *l'établissement dynamique* des LSPs, il s'avère utile de connaître le temps moyen d'établissement de LSP inter-domaine. Pour visualiser le calcul de ce temps, la Figure 3.3 sert de référence. Les messages *Path* et *Resv* de RSVP-TE sont transmises sur le réseau de la même façon que les données. Ils sont envoyés paquet par paquet et subissent les mêmes délais que les paquets IP normaux. Nous ne tenons pas compte des délais causés par les liens congestionnés et les retransmissions des messages RSVP-TE parce que c'est notre mécanisme d'ingénierie de trafic qui établit le LSP sur une route non-congestionnée. Nous assumons donc que les messages RSVP-TE sont transmis sur des liens non-congestionnés.

Le délai T de transmission des messages RSVP-TE est composé du délai de remplissage des tampons dans les routeurs, du délai de traitement des messages, du délai des files d'attente et du délai de commutation ou de routage. Le délai de transmission se reflète dans le délai de remplissage des tampons et dans celui des files d'attente. Donc,

$$T = T_b + T_p + T_q + T_r$$

où T_b est le temps de remplissage du tampon. Ce temps dépend de la vitesse de transmission du lien et de la vitesse à laquelle le routeur peut remplir le tampon. T_p est le temps de traitement du message RSVP-TE. Le traitement nécessite que tous les paquets constituant le message soient capturés et que le message soit traité par les mécanismes montrés aux Figures 2.8 et 2.9. T_q est le temps que le message RSVP-TE passe dans la file d'attente. Si des files d'attente à différentes priorités existent, les messages de signalisation devraient recevoir une priorité plus élevée que les autres paquets. De plus, ce temps dépend de la vitesse de transmission du lien. Finalement, T_r est le temps de routage. Il représente le temps pris par le routeur pour lire l'en-tête IP, la grosseur de la table de routage, et l'acheminement du paquet vers un port de sortie.

En moyenne, d'après les dernières tendances de l'industrie manufacturière d'équipements de réseau, le temps d'acheminement d'un paquet IP peut être estimé de 10 à 90 µs par routeur. Pour la signalisation RSVP-TE, nous estimons que le temps moyen de traitement de chaque message est de l'ordre de 10 ms. Donc, nous calculons un délai approximatif de 10 ms par bond, par message. Comme déjà mentionné, le trafic traverse en moyenne entre 2 à 8 ASs sur Internet avant d'atteindre sa destination [22]. La taille des ASs sur Internet varie considérablement [14]; nous assumons en moyenne 7 bonds traversés par AS. La Figure 3.10 montre le temps d'établissement d'un LSP inter-domaine pour différentes combinaisons de nombre de ASs et de routeurs traversés par AS. Le temps d'établissement peut varier approximativement de 200 ms à 1 seconde. De plus, si l'un des liens sur le chemin des messages RSVP devient congestionné au moment de l'établissement, la connexion prendra possiblement plus de temps à s'établir en raison des pertes de messages RSVP-TE. Donc, toute méthode d'ingénierie de trafic utilisant des LSPs ainsi déployés doit se montrer flexible sur le temps d'établissement.

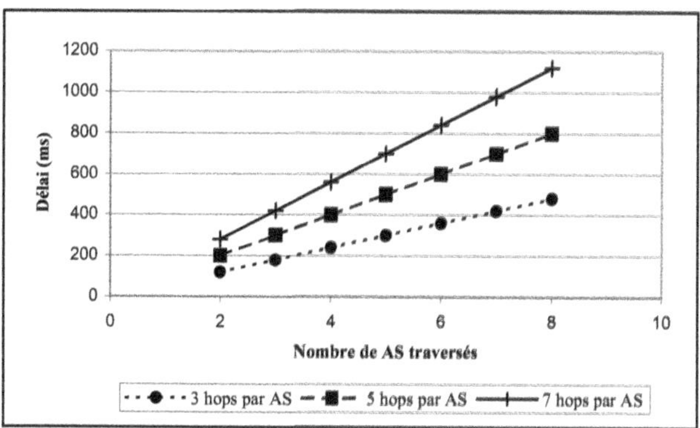

Figure 3.10 Délai d'établissement de LSP inter-domaine

Étant donné le temps de connexion des LSPs qui peut varier suivant l'état des nombreux ASs traversés, nous suggérons de pré-établir les LSPs en prévision des demandes. Ces demandes seront probablement constituées d'un agrégat de connexions, ce qui diminue leur variabilité sur les LSPs. De plus, nous suggérons de re-router les LSPs à intervalle régulier pour les ré-optimiser.

3.3.2 Approche analytique à l'ingénierie de trafic inter-domaine avec MPLS

Généralement, des méthodes mathématiques sont utilisées pour résoudre les problèmes d'ingénierie de trafic. L'ingénierie de trafic inter-domaine suit cette tendance. Mais compte tenu de la nature des problèmes à traiter et des informations disponibles, les techniques utilisées en ingénierie de trafic intra-domaine ne s'appliquent pas toujours au niveau inter-domaine. Les problèmes liés à l'ingénierie de trafic sont souvent catégorisés en trois volets. Ainsi, le routage par contrainte, la répartition de la charge sur les LSPs et la tolérance aux pannes constituent des problèmes à résoudre en ingénierie de trafic.

i) Routage par contrainte

Le routage par contrainte sert à trouver le meilleur chemin pour le LSP inter-domaine, en tenant compte des différentes contraintes qui doivent être respectées. Comme exemples de contraintes, on énumère la largeur de bande nécessaire, le délai minimum à respecter, le niveau de gigue toléré, le taux de pertes permises, etc. Dans le cas intra-domaine, ce problème peut être résolu par des techniques d'optimisation connues [20]. Dans le cas inter-domaine, le problème se divise en une partie inter-domaine et une partie intra-domaine. La partie intra-domaine peut être résolue par les techniques d'optimisation mentionnées. La partie inter-domaine consiste à choisir, si possible, le chemin inter-domaine qui respecterait le plus les contraintes du routage. Chaque préfixe dans la table BGP sera accompagné d'un ou de plusieurs attributs QoS_NLRI. Le choix du chemin inter-domaine devra se faire en fonction de la meilleure correspondance de QdS recherchée, au lieu du plus long préfixe.

ii) Répartition du trafic

La répartition du trafic (*load balancing*) permet d'augmenter la performance des réseaux en utilisant de façon optimale les LSPs déjà établis. Dans le cas inter-domaine, cette pratique ne sera permise que si plusieurs LSPs sont établis ou peuvent être établis vers le AS destination. Supposons à la Figure 3.9 que AS 1 envoie tout type de trafic au AS 6. AS1 peut établir plusieurs LSPs vers le AS6, des LSPs qui peuvent traverser la même séquence de ASs ou non. Suivant la QdS fournie par chaque LSP, AS1 peut répartir le trafic en fonction des différentes classes. Les algorithmes optimisant la répartition du trafic ou algorithmes de re-routage du trafic et des LSPs doivent être exécutés à intervalles réguliers. La durée de cet intervalle dépend en grande partie de la stabilité des demandes et de la topologie des réseaux. Les détails du problème de re-routage de LSPs pour une meilleure répartition de charge seront discutés dans une prochaine section.

iii) Tolérance aux pannes

Un LSP inter-domaine peut souffrir de panne de lien ou de nœud, située au niveau intra-domaine ou inter-domaine. La littérature couvre bien le problème des pannes intra-domaine [23,27]. Donc, sur un LSP inter-domaine, pour les pannes survenues dans la partie intra-domaine du LSP, les techniques de recouvrement restent identiques à ceux déjà résolus dans la littérature. Pour les failles au niveau des nœuds ou liens inter-domaine, le LSP inter-domaine peut être protégé de façon locale si cela est possible ou de bout-en-bout. En général, la protection de bout-en-bout sert pour les pannes inter-domaine, et la protection locale pour les pannes intra-domaine. Par exemple, à la Figure 3.11, LSP1 relie AS1 à AS4 en passant par AS 2 et en empruntant le lien R23-R41. Si ce lien R23-R41 se brise, une protection locale peut être utilisée en empruntant le lien R24-R41. Le LSP2 peut servir d'exemple de protection de bout-en-bout. Si le lien R32-R41 emprunté par le LSP2 se brise, une protection de bout-en-bout est nécessaire pour re-router le trafic par un autre chemin inter-domaine, celui du LSP1 dans cet exemple. Les problèmes de tolérance aux pannes inter-domaine sont traités dans [21,31].

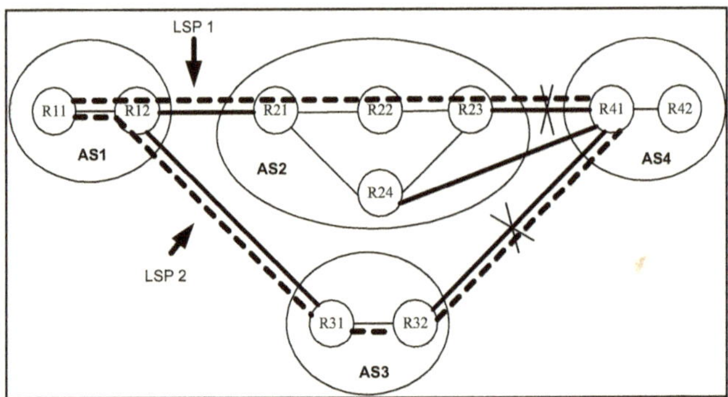

Figure 3.11 Protection contre les pannes inter-domaine

3.3.3 Distribution de charge ou re-routage des LSPs

Le routage par contrainte pour les LSPs inter-domaine est en grande partie résolu par les algorithmes pour le même problème au niveau intra-domaine. Le problème de tolérance aux pannes est aussi bien résolu dans la littérature. Pour ces raisons, dans ce mémoire, nous traitons particulièrement du problème de distribution de charge et re-routage des LSPs.

Il a été proposé, dans [15], un algorithme centralisé pour résoudre le problème de distribution de charge au niveau intra-domaine. Nous proposons la version distribuée de cet algorithme, qui satisfait les exigences du re-routage inter-domaine. Cet algorithme ne peut être appliqué que si la topologie du réseau est connue. Donc, son utilisation à travers plus d'un AS est limitée aux opérateurs détenant l'administration de plus d'un AS (D'après [1], une grande partie des opérateurs détiennent l'administration de plus d'un AS). Pour l'établissement du LSP inter-domaine, cet algorithme est exécuté dans chaque ASBR d'entrée, ou PCE. L'information sur la topologie détenue par le ASBR peut couvrir son propre AS ou aussi d'autres ASs sous la même administration. Le chemin trouvé remplit l'objet ERO lors de l'établissement du LSP. Le ASBR d'entrée du prochain AS à administration différente s'occupe d'exécuter l'algorithme pour le reste du chemin du LSP. Le LSP optimal sera établi itérativement en exécutant l'algorithme à chaque

ASBR. À intervalle régulier ou en cas de changement de topologie de réseau, les ASBRs d'entrée peuvent re-exécuter l'algorithme dans le but d'optimiser l'utilisation de leur réseau et d'offrir une meilleure QdS au LSP inter-domaine.

Tout d'abord, conformément à [3], définissons le graphe G de la partie de la topologie du réseau Internet connue par le nœud qui exécute l'algorithme. $G = (V,E,c)$ où

V représente l'ensemble des nœuds du réseau,
E représente l'ensemble des liens du réseau,
c représente l'ensemble des informations associées à V et à E obtenu par l'attribut QoS_NLRI.

Le graphe H est induit de G. Il désigne le graphe MPLS, i.e. il est constitué de nœuds et de liens empruntés par au moins un LSP. $H = (U,F,d)$ où

U représente l'ensemble des LSRs (source ou destination) d'un LSP, $U \subseteq V$,
F représente l'ensemble des LSPs déjà en place $F \subseteq E$,
d représente l'ensemble des demandes et restrictions associées à F.

Chaque lien l est défini par un ensemble de caractéristiques et d'informations obtenues avec des protocoles de routage intérieur comme OSPF-TE ou ISIS-TE:

u_l = LSR d'origine
v_l = LSR de destination
μ_l = bande passante disponible
a_l = coût administratif du lien (délai, gigue, taux de perte de paquets, etc.)
K_l = facteur de l'utilisation désirée du lien (1 = utilisation de 100%).

De la même façon, chaque LSP j est défini par un ensemble de caractéristiques :

λ_j = bande passante du LSP

s_j = LSR source

d_j = LSR destination

h_j = nombre maximum de bonds que le LSP peut traverser

β_j = priorité de retenue (*hold)* (les valeurs les plus basses ont plus de priorité)

α_j = priorité d'établissement (les valeurs les plus basses ont plus de priorité)

Ici $\alpha_j \geq 0, \beta_j \leq \alpha_{\max}$. Pour éviter la formation de boucle dans l'annulation et l'établissement de certains LSPs, $\alpha_j \leq \beta_j$.

L'algorithme utilise H comme un graphe induit qui représente les LSPs existant dans le réseau. D'une façon globale, ces LSPs ne constituent qu'une partie des LSPs inter-domaine. F^r est désigné comme le groupe de LSPs qui ne satisfont plus leurs demandes et qui doivent être re-routés. x_{jl} est une variable de décision binaire qui prend la valeur 1 si le LSP j emprunte le lien l, et la valeur 0 si autrement. Les entrées de l'algorithme sont: le graphe G du réseau, le groupe F^r de LSPs à re-router, et les détails $x^+_{jl}, j \in F$ de ces LSPs. Avant de commencer, l'algorithme nécessite de regrouper F^r par classe de priorité k. L'algorithme commence avec la classe de LSPs à plus grande priorité, $k = 0$. Ainsi,

$$F^r_k = \{j \in F^r \mid \alpha_j = k\} \quad \forall k = 0,1,2,\ldots,\alpha_{\max}$$

Étape 1) Si la classe de priorité k est vide, $F^r_k = \varnothing$, augmenter k de 1 et retourner à l'étape 1. Sinon, diviser F en deux groupes, un avec des priorités de retenue (*hold)* plus grandes que k, F_h, et l'autre avec des priorités de retenue *(hold)* plus basses que k, F_l. Ainsi,

$$F_h = \{j \in F \mid \beta_j \leq k\}$$
$$F_l = \{j \in F \mid \beta_j > k\}$$

Les LSPs avec une priorité supérieure à k, F_h, ne doivent pas être touchés, donc ils sont fixés comme suit :

$$x_{jl}^h = x_{jl}^+, \qquad \forall j \in F_h, \forall l \in E$$

$$\mu_l^h = \mu_l - \sum_{j \in F_h} \lambda_j x_{jl}^h, \qquad \forall l \in E$$

Le problème consiste à trouver la meilleure solution x_{jl}^+, appelée optimale, pour ce problème de routage avec des contraintes. Cette solution doit considérer la topologie connue G, les LSPs de plus haute priorité F_h qui sont fixés, et les demandes de LSPs F_k^r :

$$\min_{C} \quad \sum_{l \in E} \sum_{j \in F_k^r} a_l \lambda_j x_{jl}$$

étant donné

$$\sum_{j \in F_k^r} \lambda_j x_{jl} \leq \mu_l^h K_l, \quad \forall l \in E$$

$$\sum_{l \in E} x_{jl} \leq h_j, \quad \forall j \in F_k^r$$

$$\sum_{\forall l | u_l = z} x_{jl} = 1 \quad \forall z \in U \quad \forall j \mid s_j = z$$

$$\sum_{\forall l | v_l = z} x_{jl} = 1 \quad \forall z \in U \quad \forall j \mid d_j = z$$

$$\sum_{\forall l | u_l = z} x_{jl} - \sum_{\forall l | v_l = z} x_{jl} = 0, \quad \forall z \in V \quad \forall j \mid s_j \neq z, \ ou \ s_j \neq z$$

$$x_{jl} = 0{,}1 \quad \forall j \in F_k^r, l \in E$$

La première contrainte empêche d'utiliser un lien plus que sa capacité. La capacité physique du lien est diminuée par un facteur d'utilisation K. La deuxième contrainte met une limite au nombre de bonds que le LSP peut traverser. Les contraintes trois à cinq assurent que tous les LSPs commencent dans leur LSR source et se terminent dans leur LSR destination et que le LSP assigné à chaque source est identique au LSP assigné à chaque destination.

Si une solution existe à cette étape, les chemins pour les LSPs $x_{jl}^{+} \in F_k^r$ de priorité k sont alors trouvés. Ces LSPs sont ensuite ajoutés à la banque de LSPs optimaux, i.e. $F^{+} = F_h \cup F_k^r$. L'algorithme procède à l'étape 2.

Sinon, une solution partielle existe, i.e. seulement une partie $\overset{\nabla}{F}$ des LSPs de F_k^r sont re-routés. $F_k^r - \overset{\nabla}{F}$ ne peuvent pas être re-routés. L'algorithme ajoute les LSPs re-routés à la banque de LSPs optimaux, $F^{+} = F_h \cup \overset{\nabla}{F}$ et procède à l'étape 2.

Étape 2) L'algorithme doit maintenant vérifier que les nouveaux chemins trouvés pour les LSPs ne violent pas les contraintes de capacité une fois ajoutés au reste des LSPs à priorité moins élevée, i.e. $F^{+} = F^{+} \cup \overset{\nabla}{F}$. Cette vérification est décrite par la formule :

$$F_{lv} = \left\{ j \in F_l \mid \sum_{j \in F^{+} \cup \overset{\nabla}{F}} \lambda_j x_{jl} > \mu_l K_l, \quad \forall l \in E \right\}$$

Si des contraintes de capacité sont violées, $F_{lv} \neq \varnothing$, l'algorithme isole les LSPs responsables de ces violations de capacité. Le reste des LSPs sont ajoutés à F^{+}. Les LSPs isolés sont ajoutés aux LSPs à re-router, faire $F^r = F^r - F_k^r$ et ensuite $F^r = F^r \cup F_{lv}$. L'algorithme retourne à l'étape 1 avec $k = k + 1$.

Si toutes les contraintes de capacité sont satisfaites et que $F_{lv} = \varnothing$, les LSPs $F^{+} = F^{+} \cup F_l$ sont re-routés avec succès. L'algorithme les enlève des LSPs à re-router, $F^r = F^r - F_k^r$. Puis, il retourne à l'étape 1 avec $k = k + 1$.

Cet algorithme doit être exécuté par les ASBRs concernés à chaque changement de topologie et à des intervalles de temps respectant les changements significatifs des demandes.

Le chapitre suivant analyse différents scénarios qui aident à valoriser les mécanismes d'ingénierie de trafic inter-domaine à l'aide de LSPs inter-AS. Les détails de l'implémentation des mécanismes proposés y seront expliqués.

CHAPITRE IV
MÉTHODOLOGIE ET ÉVALUATION D'UNE STRATÉGIE DU CONTRÔLE DE TRAFIC INTER-DOMAINE

Dans le chapitre précédent, nous avons suggéré le déploiement de MPLS au niveau inter-domaine. Notre but était d'offrir un contrôle de bout-en-bout du trafic pour éviter les chemins contingentés et obtenir une meilleure QdS sur le réseau Internet. Les ajustements que nous avons apportés à MPLS et aux extensions déjà proposées aux protocoles RSVP-TE et BGP définissent un cadre générique pour des procédés d'ingénierie de trafic inter-domaine. Dans ce chapitre, nous examinons le comportement du réseau en présence de LSPs inter-domaine, pour ensuite identifier les voies prometteuses de recherches futures. Tout d'abord, nous discutons du logiciel de simulation utilisé pour notre évaluation de performance. Ensuite, nous présentons notre modèle de réseau et de trafic utilisé lors des simulations. Notre plan de tests commence par une analyse du protocole BGP, le comparant avec des protocoles IGP dans des situations de panne de lien ou de nœud. Cette analyse sert à démonter les lacunes de BGP pour soutenir la QdS sur Internet et la nécessité de déployer MPLS au niveau inter-domaine. Ensuite, nous mesurons le gain apporté par le déploiement de MPLS au niveau inter-domaine pour différents scénarios. Entre autres, des scénarios de congestion sur lien inter-AS, de panne de lien inter-AS et de panne de nœud inter-AS sont simulés et analysés. Finalement, nous analysons l'impacte que le temps de réponse à une forte congestion a sur la QdS obtenue pour des trafics multimédia.

4.1 Environnement de simulation

Notre étude est basée sur les résultats de simulations obtenus avec le logiciel OPNET Modeler© version 10.5 PL3, installé sur une machine PC avec 2.80GHz de CPU et 1Go de mémoire RAM. Notre choix s'est arrêté sur le logiciel OPNET Modeler©, développé par *OPNET Technologies Inc* [19], parce qu'il permet d'intervenir au niveau de l'implémentation des modules, pour sa robustesse, pour la conformité de ses modèles aux équipements et protocoles existants, et finalement pour son support technique. *OPNET Technologies* offre une gamme de produits qui ciblent les entreprises, les opérateurs de réseaux, le gouvernement, la défense nationale, et la recherche et développement en réseautique. Le Tableau 4.1 décrit brièvement les produits offerts par *OPNET Technologies* et met en évidence notre choix du produit Modeler.

Tableau 4.1 Produits offerts par *OPNET Technologies Inc.*

Produits	***Caractéristiques***
IT GURU	Utile aux entreprises pour bien planifier leur réseau dans le but de diminuer les coûts, d'augmenter la production, et de sécuriser leurs infrastructures.
IT SENTINEL	Utile aux entreprises pour assurer l'intégrité et la sécurité d'un réseau de façon automatisée. Aide à identifier des configurations erronées dans le réseau, des violations de politiques, des failles de sécurité, etc.
★MODELE R	Utile aux développeurs pour diminuer le temps de conception de nouveaux produits de qualité supérieure. Permet aux chercheurs de modéliser de nouveaux concepts et de les tester dans divers environnements de simulation.
SP GURU	Utile aux opérateurs de réseau pour vérifier et valider leur configuration du réseau, analyser la QdS et la résilience du réseau. Permet d'envisager des augmentations de la capacité du réseau, des migrations vers diverses technologies, etc.
SP SENTINEL	Utile aux opérateurs de réseau, a les mêmes caractéristiques que le IT Sentinel.
ODK	Le *OPNET Development Kit* (ODK) permet de développer des outils de gestions caractérisées, ou de personnaliser IT Guru, SP Guru et Modeler.
REPORT SERVER	Permet de répertorier les résultats obtenus pour un accès basé sur le Web. Compatibilité avec IT Guru, SP Guru, ACE, VNE Server et Modeler.
VNE SERVER	Assiste l'environnement virtuel de réseau du IT Guru et SP Guru en automatisant le procédé de création de réseau en temps réel dans ces environnements. Fournit une vue en temps réel du réseau.
WDM GURU	Solution avancée qui permet la planification de réseaux optiquex et de réseaux SONET.

4.1.1 Plate-forme de simulation OPNET modeler

OPNET Modeler permet de développer et de simuler des réseaux en suivant un précédé hiérarchique. Toute simulation dans OPNET appartient à un scénario qui fait partie d'un projet. Plusieurs scénarios, inter-reliés ou non, peuvent faire partie du même projet. Chaque scénario contient un ensemble de nœuds, de liens, et d'objets de configurations qui constituent le réseau. Par exemple, notre travail consiste en un projet contenant une dizaine de scénarios: scénario avec MPLS, scénario sans MPLS, scénario avec du trafic vidéo, scénario avec du trafic de voix, etc.

OPNET Modeler permet aussi de développer des nœuds (ex. un routeur) de façon hiérarchique. Chaque nœud du réseau est relié à un modèle. Chaque modèle de nœud (*Node Model*) est formé de plusieurs procédures, qui correspondent aux protocoles des différentes couches du modèle OSI. À leur tour, les procédures sont constituées d'un modèle de procédure (*Process Model*), qui eux, sont constitués d'une machine à états finis (*finite state machine*). Dans les machines à états finis, chaque état et chaque transaction d'état fait intervenir le code correspondant au fonctionnement du nœud à l'état actuel où il est rendu. Nos simulations font intervenir les modèles de nœuds pour les LERs et les LSRs avec les modèles de processus pour les protocoles BGP (*bgp*), RSVP-TE (*rsvp*) et MPLS (*ldp*). La Figure 4.1 montre l'interaction entre ces processus dans une partie d'un modèle de nœud (*Node Model*) d'un routeur.

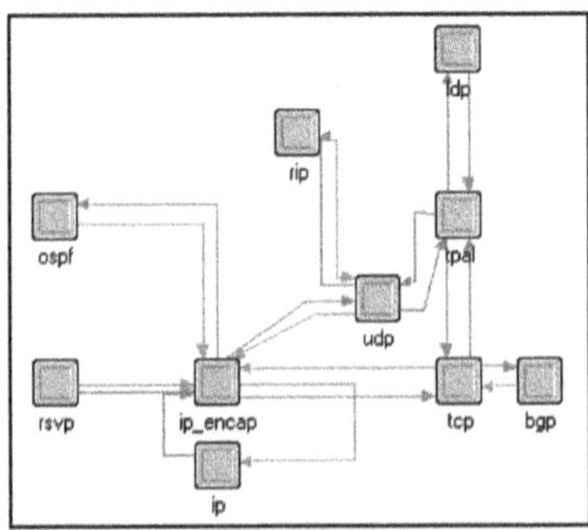

Figure 4.1 Processus MPLS, RSVP-TE et BGP de OPNET

Le module BGP de OPNET

Le module BGP de OPNET implémente le protocole BGP4 de manière assez limitée. Tel qu'implémenté dans OPNET, BGP n'offre qu'un simple fonctionnement de routage inter-domaine. L'implémentation de OPNET ne reflète pas les aspects temporels du protocole BGP lorsque déployé dans un vrai réseau. Par exemple, les routeurs dans l'Internet sauvegardent des tables de routage BGP qui sont assez volumineuses. Or, OPNET ne permet pas d'importer des tables de routage existantes qui permettraient de modéliser un temps de convergence réaliste de BGP. La Figure 4.2 montre le temps pris par BGP pour acheminer le trafic après une panne de lien et après une panne de nœud. Le trafic est transmis à 150 secondes et la panne survient à 220 secondes. BGP prend 68 secondes pour se remettre d'une panne de lien et 64.4 secondes pour une panne de nœud. Ici, on voit que la panne de nœud prend seulement quelques seconde de plus que la panne de lien, alors qu'une panne de nœud réel sur Internet devrait prendre des minutes à BGP pour converger et retrouver une vue consistante du réseau. Ce temps de convergence du protocole BGP sur Internet s'explique par les oscillations causées par la procédure de sélection de chemin de BGP, présentée à la Figure 2.2. Ce fait est une limitation de OPNET à simuler le fonctionnement de BGP.

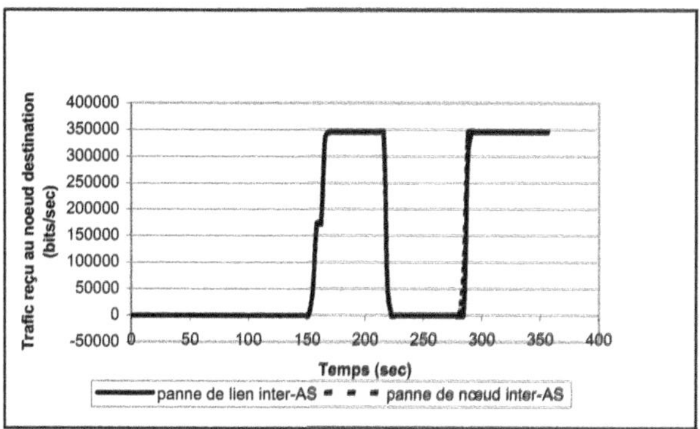

Figure 4.2 Temps de recouvrement de pannes inter-AS

Les modules MPLS et RSVP-TE de OPNET

Le module MPLS de OPNET implémente les protocoles de distribution d'étiquettes : RSVP-TE et CR-LDP. MPLS comporte plusieurs processus qui, ensemble, offrent un fonctionnement assez détaillé de MPLS tel que décrit dans le RFC 3031 [25]. OPNET permet de créer des LSPs statiques à travers plusieurs ASs. Rappelons que cette pratique n'est pas possible sur l'Internet, étant donné les restrictions entre les différents ASs. Ces restrictions sont laissées à la discrétion des utilisateurs de OPNET. L'utilisation des LSPs statiques est une alternative intéressante lors de nos simulations car, comme décrit ci-dessous, notre plan de test dans le cadre de ce mémoire ne fait pas intervenir le processus dynamique du déploiement des LSPs inter-AS.

Notre travail est basé sur RSVP-TE, qui est implémenté par des fonctions ajoutées aux processus *rsvp*, *ospf*, *isis* et *ldp*. RSVP-TE est implémenté par OPNET conformément au fonctionnement de base décrit dans le RFC 3209 [2].

4.1.2 Modélisation de l'Internet et des mécanismes proposés

Notre réseau est modélisé en utilisant la palette d'objets MPLS de OPNET montré à la Figure 4.3. Les liens PPP_DS3 sont utilisés pour toutes les connexions intra-domaine et inter-domaine. Tous les ASBRs du réseau simulé sont de type LER, le reste des routeurs sont de type LSR. Les applications de vidéoconférence et voix sont configurées entres des nœuds ppp_wkstn.

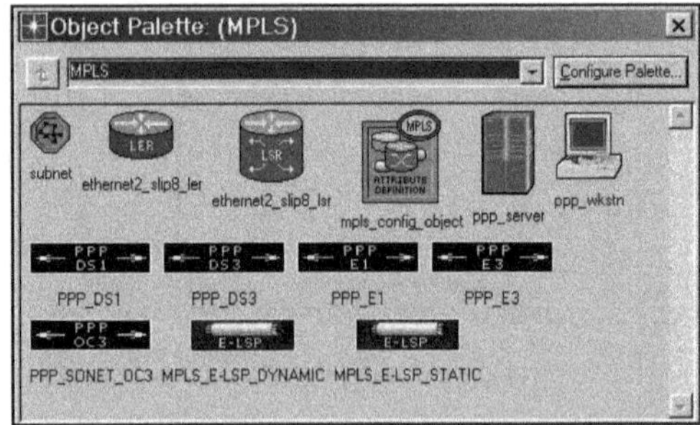

Figure 4.3 Les éléments d'un réseau MPLS de OPNET

Avec OPNET Modeler, modéliser le réseau Internet est presque impossible. Cela est en partie dû au temps de simulation qui augmente de façon inacceptable si le nombre de nœuds présents dans la simulation devient représentatif des ASs composant l'Internet. Pour cela, nous limitons le réseau simulé au schéma de la Figure 4.4.

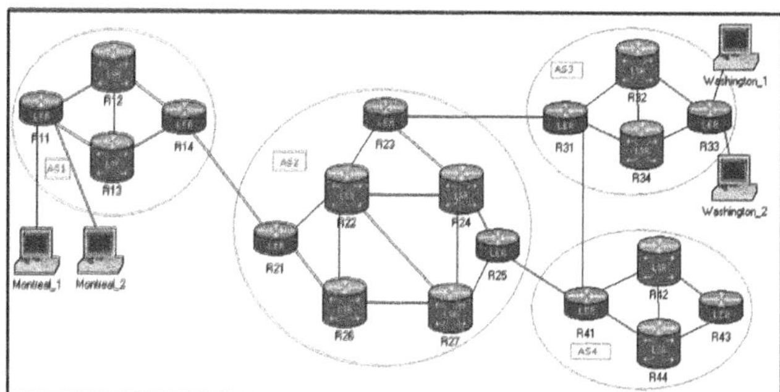

Figure 4.4 Réseau utilisé pour les simulations

Les ASs contiennent moins de 10 routeurs. Le trafic entre Montréal et Washington D.C. traverse entre 3 à 4 ASs. Les liens reliant les nœuds du réseau sont homogènes pour permettre une analyse plus ciblée du déploiement de MPLS. Les liens DS3 utilisés disposent d'une bande passante de 44.736 Mbps. Les routeurs utilisés sont les LERs et LSRs fournis par le module MPLS de OPNET Modeler, possédant chacun dix interfaces. Le trafic généré vient des applications de vidéoconférence et de téléphonie qui communiquent entre les nœuds Montréal et Washington D.C. Ces nœuds utilisent le modèle de nœud *ppp_wkstn* de OPNET.

Comme OPNET ne modélise pas les politiques d'interconnexions entre les ASs, il est possible d'y créer des LSPs inter-AS. Cette modélisation ne représente pas un prototype exact de notre proposition de déploiement de LSP inter-AS, mais elle convient entièrement à notre plan de test qui sera présenté dans la section suivante. Ce qui est très important dans notre modèle est l'interaction du protocole BGP entre les ASs et avec les protocoles de routage IGP (OSPF, RIP). Cette interaction et une absence de réaction du protocole BGP introduisent une dégradation de la QdS dans certains cas de congestion ou de panne. Cela permet de démontrer quantitativement l'importance du rôle des LSPs inter-AS.

4.1.3 Modélisation de trafic pour les simulations

Les trafics utilisés pour les simulations viennent d'application de vidéoconférence et d'application de voix. Les trafics de type e-mail, http et ftp sont modélisés comme trafic d'arrière plan "*background traffic*".

Le modèle de vidéoconférence

Le trafic de vidéoconférence utilisé est à résolution réduite, i.e. de qualité inférieure. Le Tableau 4.2 présente les particularités du trafic de vidéoconférence. La Figure 4.5 montre le trafic de vidéoconférence généré par OPNET. Ce modèle envoie des trames de taille unique, ce qui n'est pas conforme à un trafic réel de vidéoconférence. Par contre, ce modèle est satisfaisant pour notre étude de performance qui n'a pas besoin d'une précision à ce niveau, mais plutôt un trafic généré représentatif d'une application à haut-débit.

Tableau 4.2 Trafic de vidéoconférence

Taux de génération (résolution réduite)	10 trames/sec
Taille d'une trame	128X120 pixels/ trame
Taille d'un pixel	9 bits/pixel
Trafic généré	approx. 2.64 Mbps
Début	110-120 sec

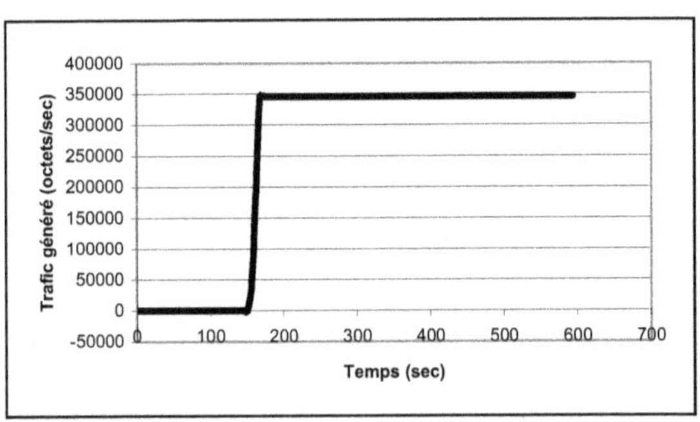

Figure 4.5 Trafic de vidéoconférence généré

Le modèle de téléphonie sur IP

Le trafic de téléphonie utilisé suit le standard d'encodage de voix G.711. Le Tableau 4.3 présente les particularités de ce trafic, et la Figure 4.6 montre ce trafic tel que généré par OPNET. Une fois encore, pour notre étude de performance, les caractéristiques temporelles de ce trafic ne sont pas aussi importantes que le taux de trafic généré et sa conformité au débit d'une application de voix sur IP.

Tableau 4.3 Trafic de voix

Encodeur utilisé	G.711 (avec suppression des silences)
Durée d'un silence	Exponentiel avec moyenne de 650 ms
Durée d'une période active	Exponentiel avec moyenne de 352 ms
Trafic généré	approx. 30.76 Kbps
Début	110-120 sec

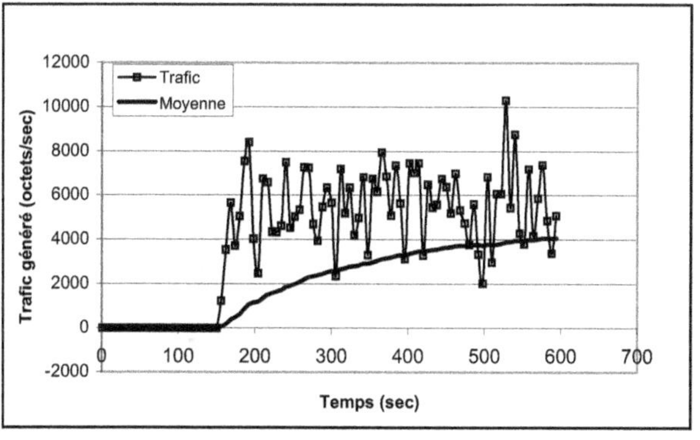

Figure 4.6 Trafic de voix généré

Le trafic d'arrière plan ou "background traffic"

Nous modélisons le trafic d'arrière plan sur Internet par des paquets de 850 octets/sec en moyenne. Un trafic d'arrière plan est assuré sur tous les liens du réseau, avec une intensité de 22.368 Mbps, qui équivaut à une utilisation de 50% de la capacité des liens DS3. De plus, quelques liens sont sélectionnés pour subir une ou plusieurs congestions momentanées. Cette congestion est modélisée par un trafic d'arrière plan dont l'intensité fluctue aléatoirement dans le temps, comme le montre la Figure 4.7. La congestion varie de 50% à ~100% d'utilisation du lien.

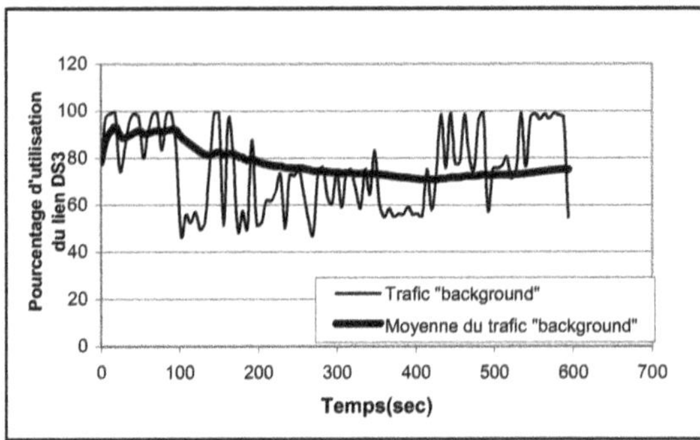

Figure 4.7 Trafic d'arrière plan de lien congestionné

4.2 Plans d'expériences

Nos simulations sont basées sur les plans d'expériences décrits aux Tableaux 4.4 et 4.5. Le Tableau 4.4 correspond au plan d'expérience pour évaluer le recouvrement de pannes inter-domaine du protocole BGP. Le Tableau 4.5 correspond au plan de test des LSPs inter-AS dans des situations de pannes inter-AS ou de congestion inter-AS. Dans les deux cas, le nombre de AS traversés varie de 3 à 4 ASs. La congestion sur les liens varie de 50% à 99^{+}%. Les différents scénarios sont simulés pour une durée qui permet l'observation souhaitée du comportement observé. Les analyses, étant donné chaque scénario, comparent les indices de performance de délai de bout-en-bout et/ou de gigue, et/ou de perte de paquets.

Tableau 4.4 Plan d'expérience pour observer le comportement de BGP

Facteurs de simulation	*Valeurs*
Temps de simulation	400 secondes
Type de trafic	Vidéoconférence
Nombre de AS traversés	De 3 à 4
Utilisation des liens	50%
Indices de performance mesurés	Délai moyen, perte de paquets, temps de réponse
Evènements déclenchés	Panne de lien inter-AS et panne de nœud inter-AS
Comparaison	Avec OSPF et RIP

Tableau 4.5 Plan d'expérience pour le routage par des LSPs inter-AS

Facteurs de simulation	*Valeurs*
Temps de simulation	10 minutes
Type de trafic	Vidéoconférence, voix PCM
Nombre de AS traversés	De 3 à 4
Utilisation des liens	50% de base et 50% à 99^{+}% pour la congestion
Indices de performance mesurés	Délai moyen, gigue moyenne
Evènements déclenchés	Pannes inter-AS et congestion sur lien inter-AS
Comparaison	Avec le routage IP traditionnel

4.2.1 Les indices de performance

Le Tableau 4.6 présente les indices de performance et des exemples de bornes permises pour chaque type de trafic. L'utilisation de LSPs inter-domaine, avec des algorithmes d'optimisation, devrait permettre d'améliorer la performance du réseau en considérant tout ou partie des indices de performance mentionnés. Dans notre évaluation de performance pour le protocole BGP, nous mesurons le délai moyen, la perte de paquets, et le temps de réponse aux pannes qui a une influence directe sur le délai et la disponibilité. Pour l'évaluation de performance des LSPs inter-AS, nous mesurons le délai moyen et la gigue moyenne. Ces mesures sont affectées par le temps de recouvrement de panne ou de congestion inter-AS.

Comme il sera constaté d'après les résultats obtenus, la statistique de délai dans OPNET ne tient pas compte des paquets perdus qui ont théoriquement un délai infini. La raison pour cela est que OPNET implémente cette statistique au nœud destination, qui lui calcule le délai écoulé entre la création et la réception du paquet. De la même manière, la statistique de gigue est implémentée au nœud destination et ne peut tenir compte des paquets perdus.

Tableau 4.6 Indices de performance et tolérances

Indices de performance	***Vidéo Conférence***	***Voix sur IP***	***E-mail, http, ftp (non temps-réel)***
Délai	300 ms	300 ms	na
Gigue	5 ms	1 ms	na
Perte de paquets	2%	2%	na
Bande passante	~ 3 Mbps	~ 30 Kbps	~ 700 Kbps
Disponibilité	na	99.999	na

4.3 Résultats de simulations et analyses

Les sections qui suivent présentent dans un ordre chronologique les simulations exécutées. Pour chaque scénario de simulation, l'analyse et la discussion correspondantes suivent les résultats obtenus.

4.3.1 Temps de recouvrement du protocole BGP

Nous vérifions le temps pris par le protocole BGP pour rétablir ses tables de routage après une panne de lien et une panne de nœud. Ce temps est comparé avec le temps pris par les protocoles OSPF et RIP dans une situation identique. Le réseau de la Figure 4.8 est simulé soit avec une panne qui survient sur le lien 13-31 après 220 secondes, soit avec une panne du nœud 13 qui survient après 220 secondes.

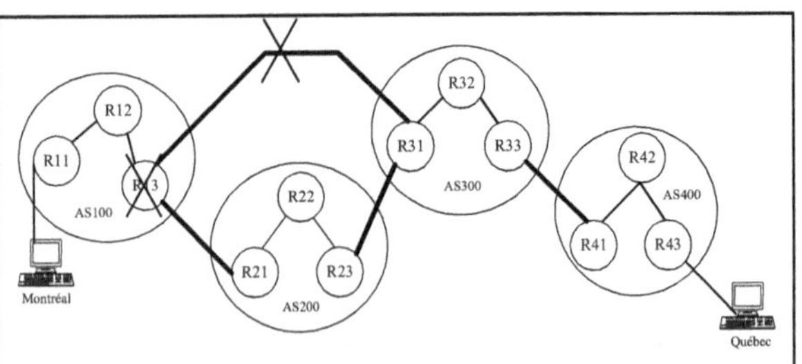

Figure 4.8 Réseau utilisé pour simuler des pannes inter-AS

Ces deux cas sont simulés en premier lieu avec BGP configuré sur tous les routeurs, et OSPF configuré à l'intérieur des ASs. En deuxième lieu, tout le réseau n'est configuré qu'avec OSPF, et en troisième lieu qu'avec RIP. Les Figures 4.9 et 4.10 montrent le temps pris par les protocoles BGP, OSPF, et RIP pour se rétablir après une panne de lien et de nœud. Le temps de recouvrement obtenu à partir de ces figures est présenté au Tableau 4.7 pour chacun des protocoles.

Ces délais sont inacceptables pour un trafic en temps réel. Des techniques de recouvrement de panne intra-domaine existent déjà pour intervenir dans le cas des protocoles OSPF, RIP (ou autre IGP) [13]. Par contre, dans le cas des pannes inter-AS, même si avec BGP les délais dépassent les bornes permises, aucune méthode de recouvrement rapide de panne n'existe actuellement. Comme mentionné aux chapitres précédents, des mécanismes de recouvrement de panne inter-AS ont été proposés [21]. Notre méthode qui étend MPLS de bout-en-bout à travers plusieurs ASs propose de protéger le trafic de bout-en-bout, et pas seulement sur certains liens inter-AS.

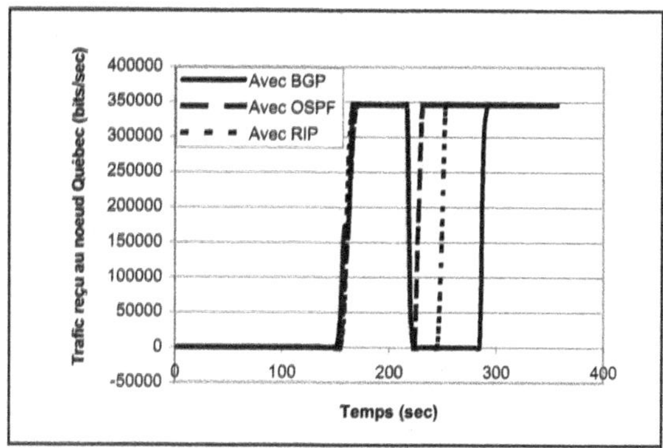

Figure 4.9 Temps de réponse de BGP (panne de lien)

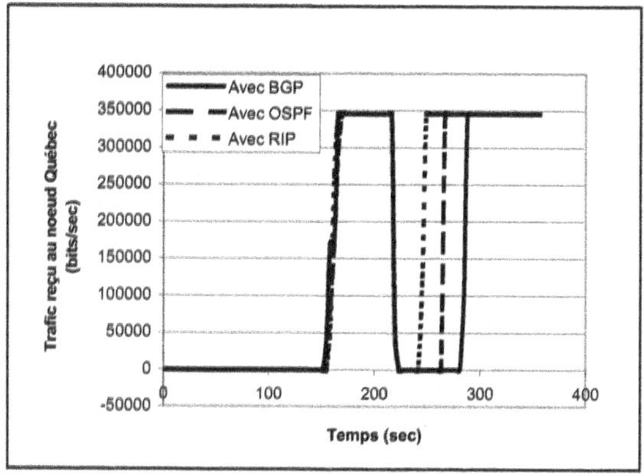

Figure 4.10 Temps de réponse de BGP (panne de nœud)

Tableau 4.7 Temps de recouvrement d'une panne inter-AS

Protocole de routage	*Temps de recouvrement panne de lien*	*Temps de recouvrement panne de nœud*
BGP	68 secondes	64.4 secondes
OSPF	6.8 secondes	42.8 secondes
RIP	28.4 secondes	24.8 secondes

Les Figures 4.11 et 4.12 montrent le délai moyen de bout-en-bout des protocoles BGP, OSPF et RIP avec une panne de lien inter-AS, puis une panne de nœud inter-AS. Ce temps est révélateur de la façon de calculer le délai par OPNET, comme mentionné précédemment. Dans le cas d'une panne de lien, on voit que le délai avec BGP est le moindre, suivi de RIP et finalement OSPF. Cela va à l'encontre du fait que OSPF est le protocole le plus rapide pour le recouvrement de panne, suivi de RIP et finalement de BGP. Donc, dans son calcul de délai, OPNET ne tient pas compte des paquets perdus lors de la panne. Le chemin après la panne a plus de nœuds et donc introduit plus de délai. Ainsi, dans le cas de OSPF, moins de paquets sont perdus. Donc, un nombre plus grand de paquets entrent dans le calcul du délai. De plus, ces derniers passent par un chemin qui introduit un plus grand délai. Ainsi, en moyenne, le délai de OSPF est plus grand que RIP et BGP, et du même fait, le délai de RIP plus grand que celui de BGP. La même analogie peut être utilisée pour expliquer les courbes de délais obtenues lors d'une panne de nœud inter-AS.

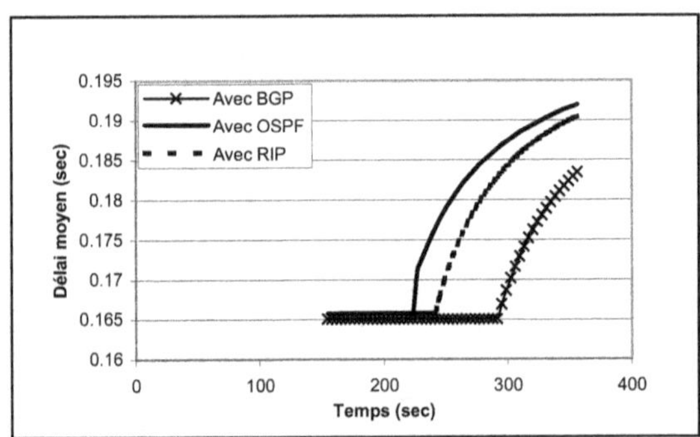

Figure 4.11 Délai moyen de bout-en-bout avec panne de lien inter-AS

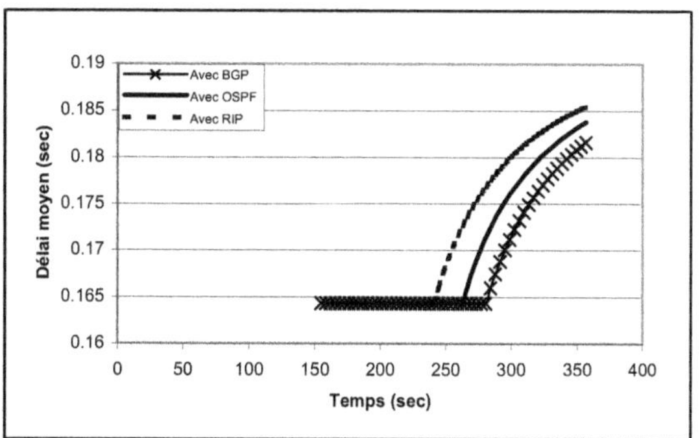

Figure 4.12 Délai moyen de bout-en-bout avec panne de nœud inter-AS

Pour soutenir l'explication ci-dessus, les Figures 4.13 et 4.14 montrent la tendance de perte de paquets avec chacun des protocoles lors de la panne de lien inter-AS et de nœud inter-AS. Effectivement, on y voit que la perte de paquets est plus importante avec le protocole BGP, puis RIP, et finalement OSPF dans le cas d'une panne de lien. Pour la panne de nœud, la perte de paquets est plus importante avec le protocole BGP, puis OSPF, et finalement RIP.

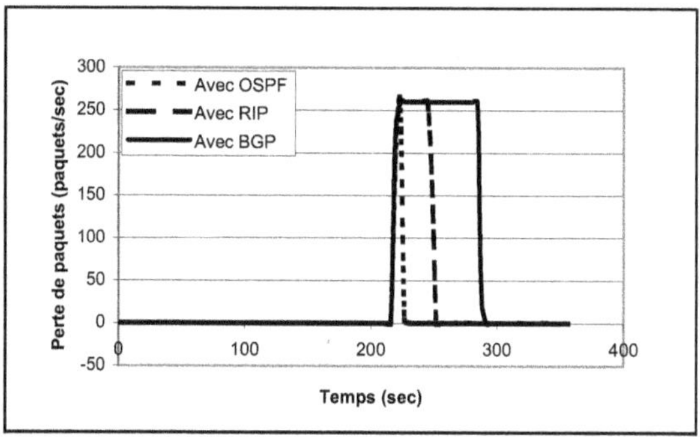

Figure 4.13 Perte de paquets après une panne de lien inter-AS

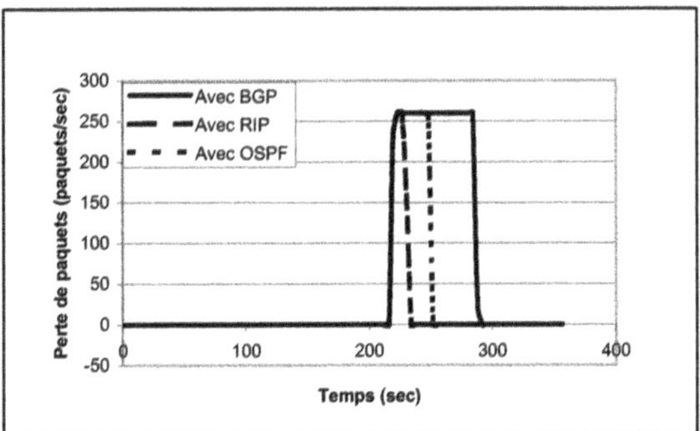

Figure 4.14 Perte de paquets après une panne de nœud inter-AS

4.3.2 Déploiement de MPLS au niveau intra-domaine et inter-domaine

La Figure 4.15 montre les scénarios de simulations de MPLS au niveau inter-domaine. Tous les liens sont congestionnés à 50% de leur capacité, sauf le lien inter-domaine R23-R31 qui subit une congestion qui varie de 50% à 99%, comme présenté préalablement à la Figure 4.7, durant la simulation du scénario 1. Le scénario 2 consiste en une panne du lien inter-AS R23-R31. Et finalement le scénario 3 met en panne le nœud inter-AS R23. Le trafic multimédia de vidéoconférence ou de voix traverse de 3 à 4 ASs séparant les nœuds Montréal des nœuds Washington D.C. La communication entre ces nœuds se fait comme suit :

Montréal_1 ⟷ Washington D.C._1

Montréal_2 ⟷ Washington D.C._2

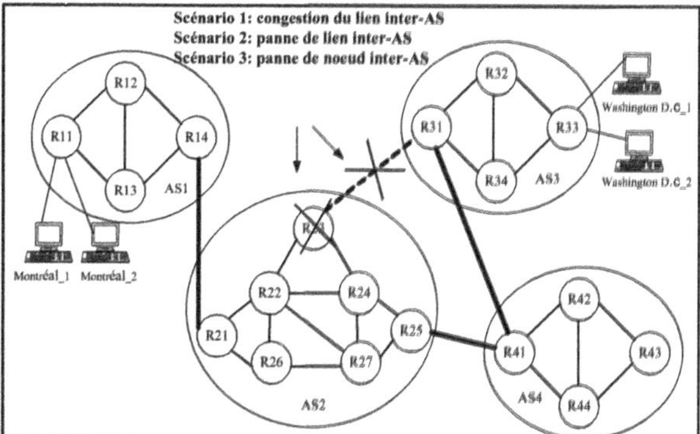

Figure 4.15 Scénarios de simulation

Dans le cas du scénario 1, le routage IP traditionnel prend le lien congestionné, indépendamment de sa condition. Dans nos simulations, la communication entre Montréal_2 et Washington D.C._2 se fait par le routage traditionnel IP, alors que celle entre Montréal_1 et Washington D.C._1 se fait par MPLS.

Avec le routage IP traditionnel dans le réseau de la Figure 4.15, et avec une congestion très aiguë, nous constatons les délais et gigues mentionnés au Tableau 4.8 qui donne en effet des statistiques sur les mesures de délai et de gigue au nœud Washington D.C_2. Ces valeurs sont inacceptables pour les équipements de communication multimédia d'aujourd'hui. Nous constatons ici que, même si le lien R31-R41 n'est pas congestionné, le routage IP prend le lien R23-R31 tout au long de la communication.

De la même façon, quand une panne survient à un ASBR ou sur un lien inter-AS, intuitivement, le routage IP traditionnel prend plus de temps à re-router le trafic que si des techniques de recouvrement de panne avec MPLS sont utilisées. Les résultats qui suivent viennent des simulations des scénarios de la Figure 4.15 qui vérifient ces raisonnements.

Tableau 4.8 Délai et gigue avec le routage IP traditionnel

		Vidéoconférence (s)	*Voix(PCM) (s)*
Délai	min	0.156	0.143
	max	+10	0.565
	moyenne	2.01	0.184
	variance	10^+	0.006
Gigue	min	0^+	0^+
	max	11.94	0.039
	moyenne	1.05	0.01
	variance	3.33	0.00005

Pour les trois scénarios mentionnés, les LSPs inter-AS de la Figure 4.16 sont utilisés pour comparer le routage IP traditionnel (le cas sans MPLS) avec le routage par des LSPs explicitement routés pour contourner le chemin contingenté ou en panne (le cas avec MPLS).

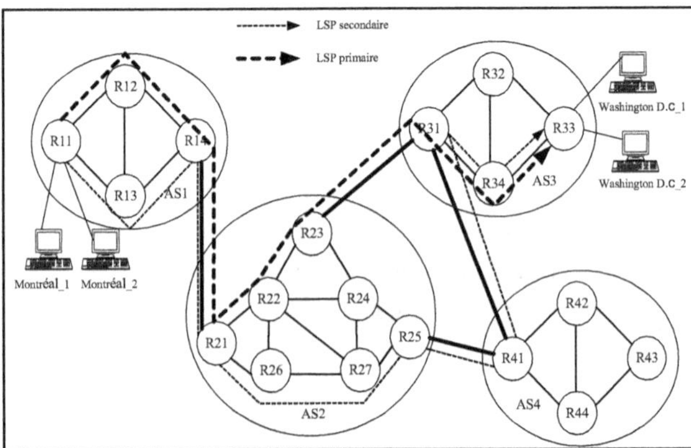

Figure 4.16 LSPs inter-domaine

Les Figures 4.17 et 4.18 montrent des comparaisons de délai moyen et de gigue moyenne obtenus pour le trafic de vidéoconférence. Dans le cas de panne inter-domaine, l'utilisation de LSP inter-AS améliore le délai et la gigue moyens subis par le trafic. Le scénario avec une congestion non-aiguë, comme celle présentée préalablement à la Figure 4.7 par exemple, nous montre que le déploiement de LSP inter-AS n'est pas toujours bénéfique si le chemin pris par ce dernier est plus long que le chemin avec une congestion modérée. Par contre, dans tous les cas, transmettre le trafic sur un chemin réservé et connu d'avance, permet de pouvoir garantir des bornes sur les indices de QdS perçus par le trafic.

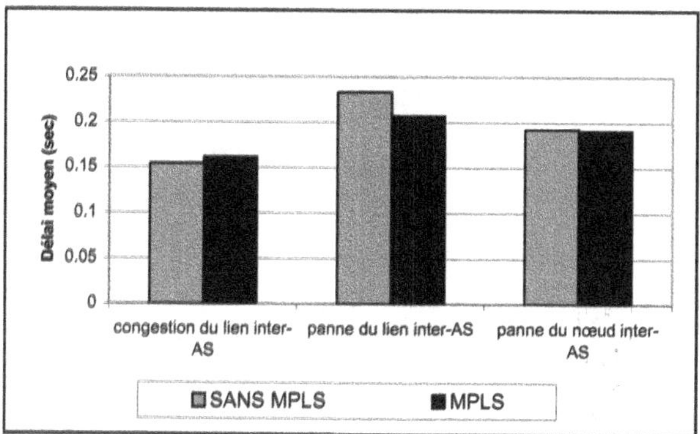

Figure 4.17 Délai moyen de bout-en-bout pour vidéoconférence

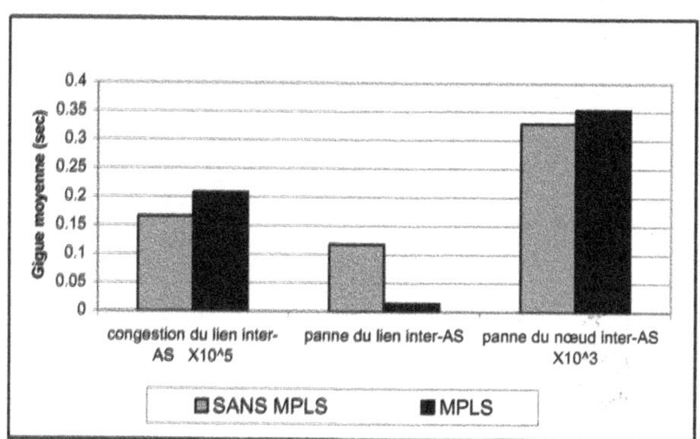

Figure 4.18 Gigue moyenne pour vidéoconférence

Les Figures 4.19 et 4.20 montrent des comparaisons de délai moyen et de gigue moyenne obtenus pour le trafic de voix. Ici, nous constatons que le délai moyen est légèrement amélioré avec l'utilisation de LSP inter-AS. Par contre, une grande amélioration est constatée pour la gigue. Une fois de plus, le scénario avec la congestion du lien inter-AS n'offre pas une meilleure QdS avec l'usage de LSPs inter-AS. Donc, si le chemin pris par le LSP est plus long que le chemin avec une congestion modérée, la QdS risque de ne pas être améliorée.

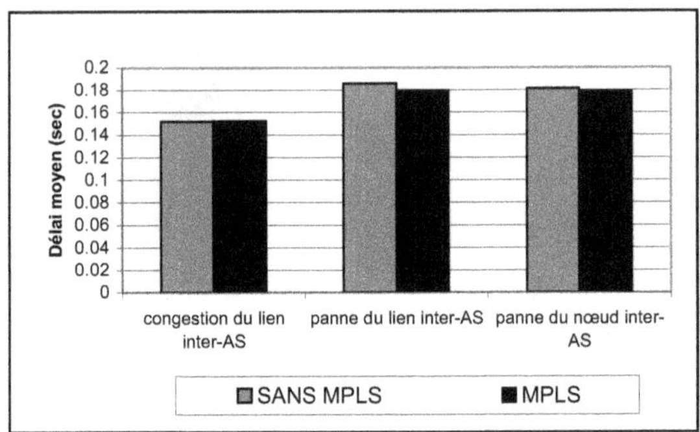

Figure 4.19 Délai moyen de bout-en-bout pour le trafic de voix

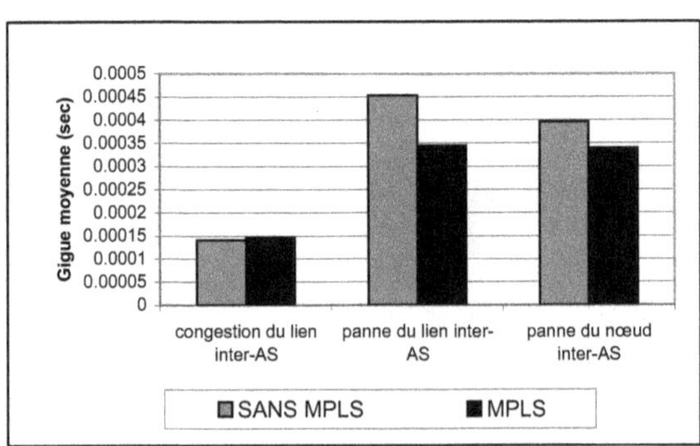

Figure 4.20 Gigue moyenne pour le trafic de voix

Les résultats obtenus peuvent être résumés par les Figures 4.21 et 4.22 qui montrent le gain apporté par l'utilisation de LSP inter-AS dans chacun des trois scénarios. Étant donné le niveau de congestion, éviter des liens congestionnés ne permet pas toujours d'améliorer la QdS. Par contre, cela permet quand même une meilleure répartition de charge sur l'Internet et donc une meilleure utilisation du réseau. Notons que, pour les scénarios de congestion, la dégradation de la QdS avec le routage sur LSP s'explique par la distance du chemin qui et plus long que le chemin pris par IP. Rappelons ici que notre réseau de simulation est symétrique. Si les liens du chemin IP avaient des largeurs de bande beaucoup plus faible, nos résultats avantageraient le routage par LSP.

La Figure 4.22 montre une dégradation de la gigue perçue pour le trafic vidéoconférence dans le scénario de panne de nœud inter-AS. Les résultats obtenus sont des valeurs moyenne, et la différence entre MPLS et routage IP dans ce cas est de l'ordre de 0.4 ms.

Le fait que les gains perçus sont plus importants dans le scénario de panne de lien que de dans celui de panne de nœud, s'explique par des résultats obtenus antérieurement. D'après les résultats montrés au Tableau 4.7, le temps de recouvrement d'une panne de lien est un peu plus long que le temps de recouvrement d'une panne de nœud pour le routage IP traditionnel. De ce fait, la différence entre le recouvrement de panne avec routage IP et le recouvrement de panne par LSP secondaire, se manifeste plus dans le cas d'une panne de lien.

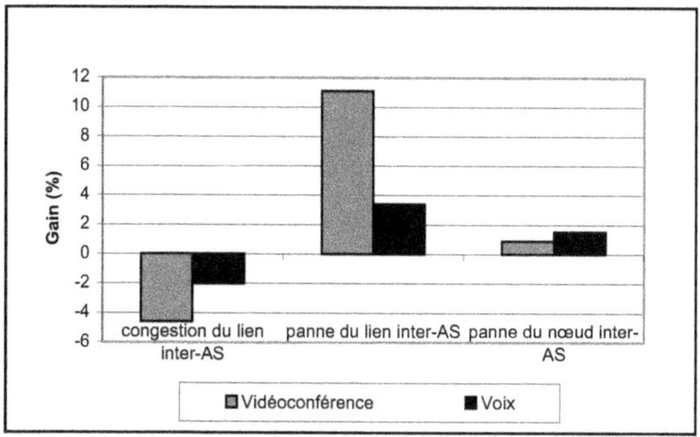

Figure 4.21 Gain sur le délai apporté par l'utilisation de LSP inter-AS

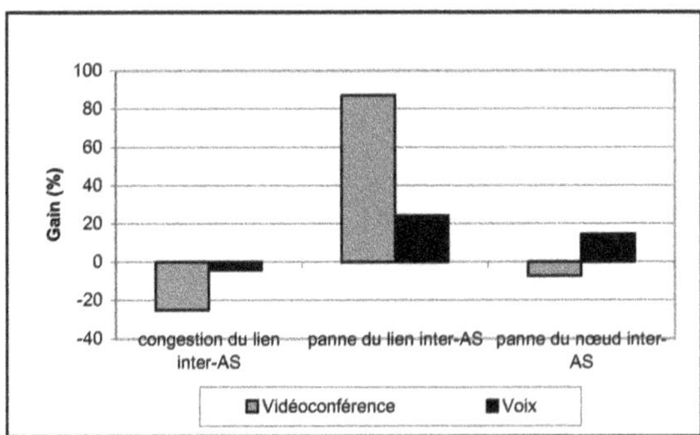

Figure 4.22 Gain sur la gigue apporté par l'utilisation de LSP inter-AS

4.3.3 Temps de recouvrement d'une congestion sur lien inter-domaine

Le temps pris par le LER source du LSP pour re-router le trafic sur un lien non-congestionné dépend de la vitesse de signalisation de l'information sur l'état des chemins inter-domaine. Nous désirons obtenir une borne sur le temps maximum qui peut s'écouler avant de devoir mettre à jour l'information sur les états des chemins inter-domaine. Comme démontré par les résultats des Figures 4.23 et 4.24, ce temps influence le délai et la gigue moyens du trafic, et ce, même si après la signalisation de la congestion, le trafic finit par être re-router sur un LSP qui évite le chemin contingenté. D'après les Figures 4.23 et 4.24, si ce délai est de l'ordre de 15 secondes ou plus, le délai moyen et la gigue moyenne du trafic vidéoconférence augmentent de façon considérable. Cette augmentation est causée par le temps pendant lequel le trafic continue de passer sur le chemin congestionné avant d'être transféré sur le LSP de recouvrement. Pour le trafic de voix, la tendance est la même, i.e. le délai et la gigue augmentent après plus de 15 secondes de temps de recouvrement, mais, de façon moins importante dû au débit moins élevé de l'application de voix relativement au niveau de congestion dans nos simulations. D'après ces résultats, nous constatons que la signalisation de l'information des états de liens par l'attribut QoS_NLRI de BGP nécessite que les mises à jour des chemins se fassent à des intervalles plus rapprochés que ceux des mises à jour de BGP actuel, qui dépassent les 15 secondes.

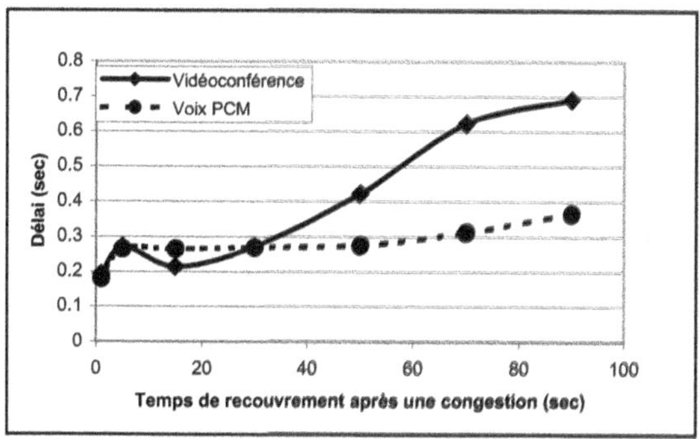

Figure 4.23 Délai du trafic re-routé après congestion

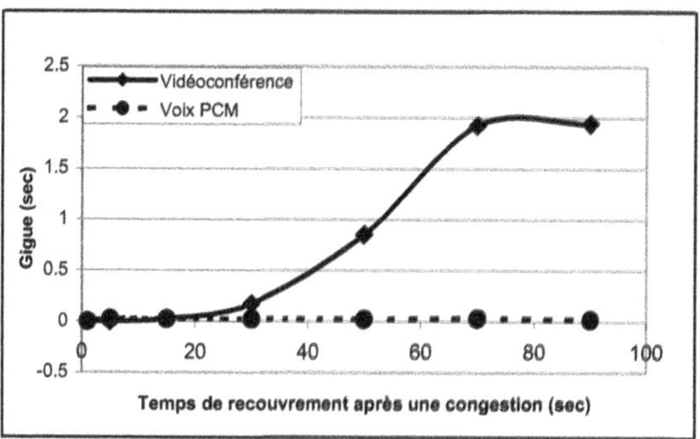

Figure 4.24 Gigue du trafic re-routé après congestion

CHAPITRE V
CONCLUSION

Le succès des réseaux IP de futures générations formant l'Internet dépend de leur capacité à offrir une certaine QdS à leurs clients. Bientôt, un grand pourcentage du trafic Internet sera de type multimédia ou de type mission critique. Ce type de trafic en temps réel nécessite une bande passante considérable et requiert une QdS maintenue durant la connexion. Or le réseau Internet actuel n'est pas conçu pour offrir un tel rendement. Les solutions qui s'offrent à ce problème sont le surdimensionnement et l'ingénierie de trafic. Le surdimensionnement réglerait le problème à court terme. Étant donné que le trafic sur Internet augmente exponentiellement, la QdS obtenue avec le surdimensionnement se détériorerait bien vite. Dans ce mémoire, nous avons abordé le problème de l'ingénierie de trafic inter-domaine par deux aspects. Le premier étant le contrôle du trafic au niveau inter-domaine par l'usage de LSPs, et le deuxième étant une approche intégrale à l'ingénierie de trafic inter-domaine qui englobe tous les mécanismes nécessaires pour exercer cette fonction.

5.1 Synthèse des travaux et contributions principales

Dans ce mémoire, nous avons décrit un procédé d'ingénierie de trafic inter-domaine. Nous avons divisé le problème en deux volets, notamment le contrôle du trafic à travers plusieurs ASs et la signalisation des informations nécessaires à l'optimisation des mécanismes d'ingénierie de trafic. Parmi ces mécanismes, nous comptons le routage des LSPs, le recouvrement de panne inter-domaine et le re-routage des LSPs et du trafic.

Pour le volet contrôle, nous avons proposé une façon évolutive de déployer MPLS au niveau inter-domaine. Pour cela, nous sommes partis d'extensions déjà proposées à RSVP-TE dans un but semblable à la notre, i.e. étendre MPLS au niveau inter-AS. Ces extensions étant incomplètes pour le fonctionnement de MPLS, nous avons défini quelques mécanismes et procédés pour son opération au niveau inter-domaine. Parmi ceux-ci, nous avons défini le traitement des paquets transférés le long d'un LSP inter-domaine. À cette fin, nous avons proposé une pile d'étiquettes inter-domaine pour différencier les paquets transférés sur un LSP inter-domaine des paquets transférés sur un LSP intra-domaine. Ensuite, nous avons décrit un procédé d'interopérabilité avec les routeurs ne supportant pas MPLS inter-domaine.

Pour le volet signalisation des informations nécessaires aux algorithmes d'ingénierie de trafic, nous avons opté pour l'utilisation du protocole BGP, qui est le seul protocole inter-domaine déployé sur l'Internet. La particularité de BGP à joindre des attributs de chemins à chaque annonce de chemin inter-domaine s'avère très utile pour notre travail. Parmi les attributs attachés à chaque route, nous utilisons l'attribut QoS_NLRI, proposé à l'IETF, pour transporter des informations sur l'état des routes disponibles vers chaque destination. En utilisant l'attribut QoS_NLRI de BGP, nous évitons le besoin de définir un nouveau protocole pour signaler l'état de chaque chemin inter-domaine.

Quant à l'aspect ingénierie de trafic, nous adaptons un algorithme d'optimisation pour le re-routage de LSPs inter-domaine. Nous proposons d'exécuter cet algorithme à chaque point d'entrée d'un réseau autonome, car l'information de topologie interne de chaque AS traversé ne peut être disponible de façon centralisée. Ainsi, les LSPs inter-domaine seront optimisés partie par partie, donnant un caractère distribué à l'algorithme d'optimisation des LSPs.

Nos premiers résultats obtenus avec le routage traditionnel IP montrent clairement la nécessité de méthode d'ingénierie de trafic inter-domaine pour permettre au réseau Internet de s'adapter au besoin de QdS du trafic en temps réel. Les résultats obtenus montrent l'effet que les LSP inter-AS peuvent avoir sur la QdS perçu par le trafic multimédia. Dans les cas de panne de lien ou de nœud inter-domaine, l'utilisation de LSPs secondaires améliore le délai et la gigue perçu par le trafic. Donc, d'après nos résultats, nous pouvons conclure de façon certaine à l'utilité de déployer MPLS au niveau inter-domaine, de bout-en-bout. Par contre, pour les cas où le LSP secondaire est utilisé après la manifestation d'une forte congestion sur le chemin courant, les résultats montrent que, pour améliorer le délai avec l'usage des

LSPs, en comparent au routage IP traditionnel, la congestion doit être très prononcée (plus de 95%).

Ensuite, nos résultats ont montré que le temps de recouvrement d'une forte congestion a un impact considérable sur le délai et la gigue obtenus. Donc, même en utilisant des LSPs pour router le trafic sur un chemin non-congestionné, si le temps de détecter cette congestion dépasse les 15 secondes, le délai et la gigue sont détériorés de façon considérable.

5.2 Limitations et recherches futures

Le cadre générique d'ingénierie de trafic que nous avons décrit dans le Chapitre III, autant que les simulations présentées au Chapitre IV, souffrent de quelques limitations qui valent d'être mentionnées. Ces limitations et d'autres aspects délaissés par notre travail débouchent sur de nouvelles voies de recherche et sur des travaux futurs.

D'abord, pour le contrôle du trafic, nous n'avons considéré que l'établissement de LSP avec RSVP-TE. Or, dû à la grande acceptation de CR-LDP par les manufacturiers d'équipements de réseaux, ce protocole mérite d'être étudié pour ensuite être adapté, de la même façon que RSVP-TE, pour le niveau inter-domaine.

Ensuite, pour la signalisation de l'état des chemins, nous avons opté pour l'attribut QoS_NLRI de BGP pour éviter d'introduire un nouveau protocole de signalisation. Par contre, l'information obtenue ainsi n'est mise à jour qu'en même temps que les mises à jour des tables de routage BGP sur Internet, i.e. à des intervalles de l'ordre de minutes. Or, cette information risque de varier pendant ce temps, faussant les données fournies aux algorithmes d'optimisation. Ces limitations pausées par l'usage de l'attribut QoS_NLRI risquent de dégrader les résultats obtenus avec les algorithmes d'optimisation qui utilisent ces informations. Donc, comme travaux futurs, nous envisageons de proposer un protocole de signalisation pour transmettre l'information sur les états des chemins inter-domaine.

Dans le même ordre d'idée, nous avons assumé au Chapitre III que les informations sur les états des chemins inter-domaine sont disponibles en tout temps aux algorithmes d'optimisation. Les techniques de mesures et de collecte d'information sur l'état de chaque chemin reste à définir. Les restrictions physiques des instruments de mesures risquent d'influencer considérablement l'exactitude et la pertinence de l'information obtenue ainsi.

Ensuite, l'algorithme de re-routage du Chapitre III n'a pas été implémenté. Son efficacité reste à prouver au niveau inter-domaine. Nous envisageons de tester cet algorithme au niveau inter-domaine, et surtout pour l'optimisation des LSPs inter-domaine de façon distribuée et périodique. L'algorithme permet déjà l'utilisation de LSPs de différentes priorités, et nous envisageons de modifier l'algorithme et d'introduire l'architecture DiffServ dans notre solution.

Notre modèle de simulation ne tient pas compte de l'attribut de chemin QoS_NLRI car l'intérêt de cet attribut est dans le routage dynamique et le re-routage. Dans des travaux futurs, nous envisageons de simuler certaines parties de notre solution de façon dynamique.

Dû aux limitations du logiciel de simulation OPNET 10.5, il serait intéressant de re-exécuter nos simulations sur une version plus complète du même logiciel ou sur un autre logiciel comme WANDL par exemple.

Malgré ces limitations, ce mémoire contient des idées pionnières dans le domaine de l'ingénierie de trafic inter-domaine qui méritent, d'après les résultats préliminaires présentés au Chapitre IV, d'être étudiées de façon plus approfondie. Plusieurs des idées et suggestions qui y sont présentées restent encore à analyser scientifiquement, à implémenter (simulation ou banc d'essai), et à améliorer.

Bibliographie

[1] American Registery for Internet Numbers, http://www.arin.net

[2] Awduche, D., Berger, L., Li, T., Srinivasan, V. et Swallow, G., "RSVP-TE: Extensions to RSVP for LSP Tunnels", RFC 3209, December 2001.

[3] Awduche, D., Malcolm, J., Agogbua, J., O'Dell, M. et McManus, J., "Requirements for Traffic Engineering Over MPLS", RFC 2702, September 1999.

[4] Bhattacharyya, S., Iannaccone, G., Moon, S. et Diot, C., "Network Measurement and monitoring: A Sprint Perspective", March 2003. Work in progress, draft-bhattacharyya-monitoring-sprint-01.txt.

[5] Bonaventure, O., De Cnodder, S., Quoitin, B., White, R., "Controlling the redistribution of BGP routes", April 2003. Work in progress, draft-ietf-grow-bgp-redistribution-00.txt.

[6] Bonaventure, O., Quoitin, B., "Common utilization of the BGP community attribute", June 2003. Work in progress, draft-bonaventure-quoitin-bgp-communities-00.txt.

[7] Bonaventure, O., Quoitin, B., Uhlig, S., Pelsser, C., Swinnen, L., "Interdomain Traffic Engineering with BGP", IEEE Communications magazine, Vol. 41, No. 5, May 2003, pp.122-128.

[8] Braden, R., Zhang, L., Berson, S., Herzog, S. et Jamin, S., "Resource ReSerVation Protocol (RSVP)", RFC 2205, September 1997.

[9] Brownlee, N., Mills, C. et Ruth, G., "Traffic Flow Measurement: Architecture", RFC 2722, October 1999.

[10] Chimento, P., Qbone Signaling Design Team, "Qbone Bandwidth Broker Architecture", http://qbone.internet2.edu/bb

[11] Cristallo, G. et Jacquenet, C., "The BGP QOS_NLRI Attribute", November 2004. Work in progress, draft-jacquenet-bgp-qos-01.txt.

[12] Davie, B. et Rekhter, Y., "MPLS Technology and Applications", Morgan Kaufmann Publishers, 2000.

[13] Dorvius, G., Lemieux, Y. et Pierre, S., "Pro-Active UMTS QoS-Based Alternative Routing Algorithm",OPNETWORK2003, Washington D.C, August 2003.

[14] Fayed, M., Krapivsky, P., Byers, J., Crovella, M., Finkel, D. et Redner, S., "On the Size Distribution of Autonomous Systems", Technical Paper BUCS-TR-2003-001, Boston University, Computer Science Department, January 2003.

[15] Girish, M., Zhou, B. et Hu, J.Q., "Formulation of the Traffic Engineering Problems in MPLS based IP Networks," Proceedings of the Fifth IEEE Symposium on Computers and Communications (ISCC 200), pp. 214-219, Antibes, France, July 4-6, 2000.

[16] Global Mobile Information Systems Simulation Library, http://pcl.cs.ucla.edu/projects/glomosim/

[17] Huston, G., "BGP Table Analyzer ", http://www.potaroo.net

[18] Network Simulator 2, http://www.isi.edu/nsnam/ns

[19] OPNET Technologies, Inc.™, http://www.opnet.com

[20] Papadimitriou, C.H. et Steiglitz, K., "Combinatorial Optimization: Algorithms and Complexity", Prentice Hall, 1982.

[21] Pelsser, C., Bonaventure, O., "Extending RSVP-TE to support Inter-AS LSPs", 2003 Workshop on High Performance Switching and Routing (HPSR 2003), June 24-27th, 2003, pp.79-84.

[22] Ping, P., "Scalable Resource Reservation Signaling in the Internet", PhD thesis, 2002.

[23] Ping, P., Gan, D., Swallow, G., Vasseur, JP., Cooper, D., Atlas et A., Jork, M., "Fast Reroute Extension to RSVP-TE for LSP Tunnels", Work in progress, draft-ietf-mpls-rsvp-lsp-fastreroute-00.txt, Jan 2002

[24] Rosen, E., Tappan, D., Fedorkow, G., Rekhter, Y., Farinacci, D., Li, T. et Conta, A., "MPLS Label Stack Encoding", RFC 3032, January 2001.

[25] Rosen, E., Viswanathan, A., Callon, R., "Multi-protocol Label Switching Architecture", RFC 3031, January 2001.

[26] Sangli, S.R., Tappan, D., Rekhter, Y., "BGP Extended Communities Attribute", August2003. Work in progress, draft-ietf-idr-bgp-ext-communities-06.txt.

[27] Sharma, V. et Hellstrand, F., "Framework for MPLS-based Recovery", Work in progress, draft-ietf-mpls-recovery-frmwork-05.txt, May 2002

[28] Stewart III, J.W., "BGP4 Inter-Domain Routing in the Internet", Addison Wesley, Boston, MA, 1999.

[29] Taner Okumus, I., Hwang, J., Mantar, H.A., Chapin, S.J., "Inter-Domain LSP Setup Using Bandwidth Management Points", Proc. of IEEE Global Communications Conference, Globecom2001, Nov 2001, San Antonio, TX, USA, pp. 7-11.

[30] Thomas, S.A., "IP Switching and Routing Essentials", Wiley, 2002.

[31] Vasseur, J.P. et Ayyangar, A., "Inter-area and Inter-AS MPLS Traffic Engineering", February 2004. Work in progress, draft-vasseur-ccamp-inter-area-as-te-00.txt.

[32] Wide Area Network Design Laboratory, http://www.wandl.com

[33] Zhang, R. , Vasseur, JP., "MPLS Inter-AS traffic engineering requirements", February 2003. Work in progress, draft-zhang-mpls-interas-te-req-03.txt.

www.ingramcontent.com/pod-product-compliance
Lightning Source LLC
LaVergne TN
LVHW042338060326
832902LV00006B/260
9786131522109